Je veux être

l'air que tu respires

Thom Ramus

Novembre 2024

CONTENU

LA VILLE DES CONTRASTES

La ville se levait lentement, enveloppée d'un air de luxe et de sophistication qui semblait flotter dans tous les coins. Des avenues principales, avec les vitrines des marques de mode les plus exclusives, aux quartiers résidentiels les plus discrets mais élégants, tout dans cette métropole a été conçu pour plaire à ceux qui appréciaient le succès, la stabilité et, surtout, les apparences. Chaque rue semblait avoir été aménagée avec précision pour que ses bâtiments, modernes et hautains, s'élèvent en parfaite harmonie avec l'atmosphère de progrès que ses habitants désiraient.

À première vue, la ville semblait être un lieu d'opportunités et d'abondance. Dans les quartiers les plus sélects, la vie vibrait à un rythme tranquille mais régulier, comme si ses habitants étaient habitués à tout, du dernier café à la mode à l'exposition la plus innovante, faite sur mesure pour eux. Les galeries d'art se succèdent dans le domaine culturel, chacune rivalisant pour attirer les collectionneurs les plus en vue et les critiques les plus sévères. Les façades de verre et d'acier de ces espaces projetaient une image d'innovation et de créativité, cachant le travail acharné derrière chaque œuvre exposée.

L'après-midi, les bars haut de gamme étaient remplis de conversations entre créatifs, hommes d'affaires et professionnels, tous à la recherche d'un moyen de se réaffirmer dans ces lunettes coûteuses et ces fauteuils en cuir. Des lumières douces et une musique d'ambiance soigneusement sélectionnée ont donné à ces lieux un air intime et exclusif, où chaque détail a été conçu pour évoquer une vie bien accomplie et, peut-être, pour éviter les regards curieux de ceux qui n'avaient pas encore atteint ce niveau de succès.

La ville semblait offrir tout pour ceux qui savaient jouer leurs cartes : le prestige, la beauté et la satisfaction de faire partie de quelque chose d'échoisi. Lors d'événements privés, souvent cachés derrière des portes discrètes et dans des décors décorés avec un goût minimaliste, les plus grands noms de la ville se sont réunis. Ces événements sont devenus une sorte de scène, où les participants, plutôt que d'interagir, s'observaient les uns les autres, avec un mélange d'admiration et d'envie subtile. Ici, les apparences comptaient autant que les réalisations réelles, et les regards approbateurs pouvaient signifier plus que n'importe quel mot.

Mais sous cette couche de raffinement, la ville cachait aussi une teinte de superficialité et de compétence, qui s'entremêlait à chaque coin de rue comme un murmure constant. Au fond, elle y avait une course tacite que beaucoup suivaient sans même s'en rendre compte, un empressement à montrer une image polie qui cachait parfois des insécurités. Derrière les succès et les réalisations visibles partagés sur les réseaux sociaux, elle y avait un monde privé dans lequel peu de gens se permettaient de baisser la garde. Chaque conversation semblait être un équilibre entre se démarquer et ne pas trop exposer, une danse de mots qui faisait allusion à un besoin constant de reconnaissance.

Dans cet environnement, pour ceux qui aspiraient à être plus qu'une simple figure élégante dans une vitrine, elle y avait une dissonance latente. La recherche d'un lien émotionnel authentique a souvent été mise en veilleuse, comme un luxe supplémentaire que seuls quelques-uns permettaient. La ville pouvait être généreuse avec ses opportunités, mais elle exigeait un prix qui allait au-delà de l'économique : une partie de l'authenticité a dû être sacrifiée pour répondre à ses normes élevées. Peu de gens ont osé explorer le sens d'une vie bien remplie dans un lieu où les relations semblaient être faites de la même substance éphémère que les cocktails signature et les conversations superficielles lors d'événements de gala.

Ainsi, entre ses lumières éclatantes et ses avenues impeccables, la ville offrait une double expérience à ceux qui l'habitaient. C'était un espace où les rêves de réussite matérielle pouvaient être réalisés, mais aussi un lieu qui pouvait éloigner ses habitants de la véritable connexion qu'ils désiraient, bien que peu osent l'admettre. Ici, au milieu de ses galeries, de ses bars et de ses événements, se trouvaient Marina et Sofia, deux femmes à succès qui, sans le savoir, partageaient non seulement la même ville, mais aussi une recherche personnelle qui allait bien au-delà de ce que la vie matérielle pouvait offrir.

Marina avait 45 ans, mais son apparence reflétait un mélange de jeunesse et de maturité qui se manifestait dans sa présence sereine et sa façon d'observer le monde. Son visage, aux traits fins et aux yeux profonds, semblait toujours calme, bien que ceux qui parvenaient à la connaître en profondeur sachent que derrière cette apparence calme se cachait un esprit en constante analyse, attentif à chaque détail. Ses cheveux, d'un brun foncé avec des éclairs de gris, tombaient doucement sur ses épaules, encadrant un visage à la peau claire et délicate. Son regard, d'une couleur noisette qui changeait en fonction de la lumière, avait une intensité souvent intimidante, et ses yeux étaient capables de capturer le moindre détail dans les peintures qu'elle restaurait, comme s'ils avaient le pouvoir de voir au-delà de l'évidence.

Son allure était élégante et sobre, dans le prolongement de sa réserve. Elle n'aimait pas attirer l'attention avec ses vêtements, mais ses choix reflétaient un goût irréprochable. Marina préférait les couleurs neutres et les lignes classiques, des vêtements qui ne se démodaient jamais et qui convenaient à son style de vie professionnel. Elle portait toujours un petit foulard en soie ou un foulard dans les tons de terre, un accessoire qui était devenu une partie de son identité. Chaque pièce de sa garde-robe a été sélectionnée avec le même soin avec lequel elle a choisi les outils de restauration, reflétant son amour de la précision et du détail.

Elle vivait dans un appartement qui reflétait son style de vie et ses valeurs. Situé dans un quartier central, sur une rue discrète et arborée, le lieu était un havre de paix en plein milieu de la ville. Les murs de sa maison étaient peints dans des tons doux et décorés d'œuvres d'art qu'elle avait acquises lors de ventes aux enchères discrètes, chacune avec une histoire qu'elle seule connaissait en profondeur. Chaque tableau, chaque petite sculpture, avait été choisi non seulement pour sa valeur esthétique, mais aussi pour le sentiment qu'elle y évoquait. Parmi ces pièces, deux portraits du XVIIIe siècle que Marina avait personnellement restaurés se démarquaient, leurs détails méticuleux et leurs expressions anciennes lui rappelant toujours sa passion pour l'art et le temps.

Le salon de son appartement était spacieux et minimaliste, avec des meubles aux lignes simples et aux couleurs naturelles. Une lampe Art nouveau était suspendue au centre, sa lumière chaude projetant de faibles ombres sur les étagères en bois qui couvraient l'un des murs. Sur ces étagères reposaient des livres d'histoire, de philosophie et d'art, ainsi que des objets anciens que Marina considérait comme de petits trésors. Un vase en céramique de Grèce, une loupe à manche d'ivoire qu'elle avait trouvée dans un marché d'antiquités à Paris et une montre de poche ayant appartenu à son grand-père ornaient les étagères, créant un espace où le temps semblait s'être arrêté.

14

L'atelier était son endroit préféré, un espace bien rangé rempli d'outils de restauration. Elle était imprégné de l'odeur des huiles et des vernis qu'elle utilisait dans son travail, et la douce lumière des lampes lui permettait de se concentrer sur chaque coup de pinceau, sur chaque fissure qu'elle devait réparer. C'est là qu'elle a trouvé une paix que le monde extérieur ne pouvait lui offrir, un sentiment de contrôle et d'harmonie qui lui a permis de se sentir complète. Pour Marina, ce studio n'était pas seulement un lieu de travail, mais un espace où elle pouvait se déconnecter du bruit et se connecter aux émotions les plus profondes de chaque pièce qu'elle restaurait.

La carrière de Marina dans le monde de la restauration a été remarquable, une combinaison de talent, de dévouement et d'années de travail discret. Elle avait commencé dans un petit atelier, et à mesure que son talent se faisait connaître, son nom gagnait en prestige. Elle ne s'est pas contenté de restaurer des peintures ; Elle traite chaque œuvre avec une dévotion silencieuse, comme s'elle s'agissait d'un lien entre elle et l'artiste qui l'a créée. Pour elle, la restauration était un moyen de préserver l'histoire et l'âme de chaque œuvre, de lui redonner vie sans en trahir l'essence. Au fil du temps, elle s'est spécialisé dans les œuvres de peintres renommés du baroque et de la Renaissance, acquérant un respect que peu de gens dans son domaine ont réussi à atteindre.

Les musées et les collectionneurs comptaient sur elle pour leurs pièces les plus précieuses, et le nom de Marina était devenu un symbole de précision et de respect de l'histoire. Son travail était sa vie, et bien que les longues journées l'absorbaient complètement, elle trouvait dans chaque restauration un but profond, un dialogue avec le passé. Pour Marina, la reconnaissance ne se trouvait pas dans les accolades, mais dans le résultat final de chaque restauration, dans le sentiment d'avoir capturé l'essence de l'œuvre et de l'avoir ramenée dans le monde de la manière la plus authentique possible.

Personnellement, Marina était une femme indépendante, introspective et méticuleuse. Bien que son succès lui ait permis de profiter de certains luxes, son style de vie était loin d'être ostentatoire. Elle préférait passer ses après-midi à la maison, à lire des livres d'histoire ou à profiter d'une promenade au coucher du soleil dans le parc voisin. Ces promenades, avec la lumière dorée du soleil qui se reflétait sur les arbres et le bruit des feuilles sous ses pieds, étaient devenues des moments de paix, où la solitude était une amie constante qu'elle avait appris à apprécier.

Cependant, son dévouement au travail avait rempli un espace que, à d'autres moments, elle aurait consacré aux relations personnelles. Les dîners à son élégante table de marbre étaient devenus des occasions solitaires, où elle dégustait des plats soigneusement préparés pour une seule personne. Marina avait quelques amis, mais peu de gens l'ont vraiment connue. Elle avait choisi de garder ses distances, peut-être parce qu'elle savait que s'engager émotionnellement signifiait ouvrir une porte qu'elle préférait garder fermée. Au fond d'elle-même, elle craignait que s'approcher trop près d'elle ne la rende vulnérable, que cela lui coûte le contrôle qu'elle appréciait tant dans sa vie.

Ainsi, elle avait construit une vie dans laquelle son travail et ses réalisations dans le domaine de la restauration occupaient le centre de son univers. Chaque œuvre d'art était, pour Marina, le reflet des émotions de son créateur, et les restaurer était un moyen de se connecter à ces émotions de manière indirecte, sans risquer son propre cœur. Elle savait que, d'une certaine manière, sa passion pour l'art était aussi un frein qui l'empêchait de s'ouvrir au monde, une façon de combler le vide émotionnel qu'au fond d'elle-même, elle aspirait encore à partager avec quelqu'un.

18

Sofia avait 37 ans et était une femme qui rayonnait d'énergie, de charisme et de vitalité. Sa présence remplissait n'importe quel espace avec une facilité étonnante, et son rire spontané et franc était capable de soulager les tensions et d'ouvrir des portes dans n'importe quelle situation. Elle était grande et mince, avec des cheveux brun foncé tombant en vagues douces sur ses épaules, un style soigneusement débraillé qui reflétait son esprit libre et son rejet des conventions. Ses yeux étaient d'un vert profond, avec un regard qui semblait toujours à la recherche de quelque chose de nouveau et de stimulant. Son style personnel était moderne et éclectique, combinant des pièces de créateurs avec des trouvailles uniques de friperies et des accessoires de ses voyages, reflétant toujours sa personnalité sans avoir besoin d'excès.

Sofia vivait dans un loft lumineux et aéré dans l'un des quartiers bohèmes les plus créatifs de la ville, entourée d'artistes, de galeries et de charmants cafés. Sa maison était une extension de son esprit agité, un espace où les murs en briques apparentes contrastaient avec un mobilier propre et moderne, et où chaque coin racontait une histoire. Dans le salon, une grande étagère en bois contenait sa collection de livres sur l'architecture, l'art et le design, ainsi qu'une série d'objets provenant de différentes parties du monde : une sculpture africaine, un petit tapis persan et une paire de masques vénitiens. Pour Sofia, sa maison n'était pas seulement un endroit où vivre, mais le reflet de ses expériences et de son amour de l'unique et de l'inattendu. Chaque objet avait une signification, chaque détail était une déclaration silencieuse de son style et de ses valeurs.

Sa cuisine ouverte, qui se fondait dans le reste de l'espace, était un exemple de son style personnel et professionnel : fonctionnel, esthétiquement harmonieux et ouvert à l'improvisation. Une grande suspension dans les tons cuivrés et noirs illuminait la zone centrale de l'îlot, où elle aimait expérimenter des recettes et partager des dîners informels avec des amis. Pour elle, sa maison devait être un espace où chaque élément favorisait la créativité, où les idées circulaient librement et où rien n'était trop rigide ou structuré. Sa chambre, en revanche, était un espace de sérénité, décoré dans des tons clairs et naturels, avec une grande fenêtre d'où elle pouvait voir les toits de la ville, lui rappelant chaque matin l'étendue des possibilités que la journée lui offrait.

La carrière de Sofia dans le monde de l'architecture avait été rapide et prometteuse. Depuis ses années d'étudiant, elle avait montré un talent naturel pour créer des espaces qui défiaient les normes et s'adaptaient aux gens plutôt que de se limiter à leur fonction. Après avoir obtenu son diplôme avec mention d'une université prestigieuse, elle a commencé à travailler dans un cabinet d'avocats de renom, où elle s'est rapidement démarqué par son style unique, qui combinait l'art, la nature et la technologie. Pour Sofia, chaque projet était l'occasion de raconter une histoire, de provoquer une expérience chez ceux qui habitaient ses espaces. Leurs conceptions ne recherchaient pas seulement la fonctionnalité, mais invitaient également à la réflexion, à l'introspection et, surtout, au sentiment.

Peu de temps après, elle a décidé de faire preuve d'audace et a fondé son propre studio avec deux collègues qui partageaient sa vision. L'entreprise a gagné en notoriété en peu de temps, connue pour son style avant-gardiste et ses projets innovants. Des espaces commerciaux aux résidences de luxe, Sofia est devenue l'une des architectes les plus recherchées et les plus respectées dans son domaine. Son travail comprenait des collaborations avec des artistes locaux, l'intégration d'œuvres d'art dans leurs constructions et la création d'expériences visuelles et sensorielles uniques. Ces collaborations ont reflété leur capacité à voir au-delà des frontières de leur profession, à fusionner les disciplines et à créer quelque chose qui inspirerait tous ceux qui interagiraient avec leurs espaces.

Sur le plan personnel, Sofia était une femme libre d'esprit, animée par la recherche constante de nouvelles expériences et de connexions. Elle valorisait l'indépendance et la liberté par-dessus tout, ce qui se reflétait dans son style de vie dynamique. Grâce à sa réussite économique, elle pouvait se permettre d'explorer une variété d'activités culturelles : des expositions d'art et des festivals de musique, des retraites de méditation et des voyages impromptus dans d'autres villes. La vie, pour elle, était une tapisserie de personnes, de lieux et de moments uniques, et Sofia s'est immergée dans chacun d'eux avec une passion et une curiosité inépuisables.

Cependant, sous cette couche d'enthousiasme et d'insouciance, elle y avait certaines insécurités qu'elle laissait rarement passer. Bien qu'elle aimait sa liberté, elle y avait des moments où elle craignait que sa vie, pleine de projets et de réalisations, soit dépourvue d'un lien intime et authentique. Elle avait eu plusieurs relations significatives, certaines longues, mais aucune n'était venue pour satisfaire ce désir de trouver quelqu'un qui pourrait vraiment la comprendre et partager son monde sans le limiter. Sofia était consciente de ce vide, bien qu'elle le cachait derrière son attitude audacieuse et sa capacité à toujours s'occuper. Parfois, après une journée intense ou une nuit entre amis, lorsqu'elle rentre dans son loft, elle est envahie par un étrange sentiment de solitude qu'elle ne peut apaiser qu'en se replongeant dans son travail ou en planifiant le prochain projet.

Dans son cercle d'amis, Sofia était connue pour son énergie et sa spontanéité. Elle aimait les conversations profondes et les expériences partagées, et bien que sa vie professionnelle ait été intense, elle a toujours trouvé le temps de se connecter avec ceux qu'elle considérait importants. L'amitié, pour elle, était aussi essentielle que la réussite professionnelle, et elle a entretenu des relations étroites avec des personnes de différentes disciplines et de différents endroits. Elle organisait souvent des dîners dans son loft, des soirées où l'on partageait du vin et des rires, où la musique et les idées coulaient à flots, et où Sofia pouvait simplement être elle-même, sans les formalités du monde extérieur.

Sofia était, en bref, une femme complexe, avec une dualité qui la définissait : l'architecte à succès et l'exploratrice qui n'a jamais trouvé de place fixe, l'amie fidèle et la femme indépendante, la créatrice d'avant-garde et la personne qui, au fond, craignait d'être seule. J'avais appris à vivre avec ces facettes, à accepter que le désir de liberté et le désir de connexion profonde puissent coexister. Mais au fil des ans, elle a commencé à se demander si la vie qu'elle avait construite lui donnerait un jour la paix qu'elle cherchait en lui. Au fond d'elle-même, elle aspirait à un espace à elle, non seulement physiquement, mais aussi émotionnellement, où elle pourrait être elle-même dans toutes ses complexités.

L'exposition d'art s'est déroulée dans une galerie exclusive, un espace aux lignes épurées et aux murs blancs, où chaque œuvre semblait flotter dans le calme d'un environnement parfaitement contrôlé. La lumière douce, soigneusement dirigée, a mis en valeur les nuances de chaque pièce, donnant au lieu une atmosphère de sérénité et d'élégance qui a enveloppé toutes les personnes présentes. L'ouverture de l'exposition avait réuni une variété d'invités, des critiques d'art aux collectionneurs et aux personnalités du monde culturel, créant un environnement dans lequel l'art était à la fois un objet de contemplation et un symbole de statut.

Marina est arrivée tôt, comme elle le faisait habituellement lors de ce genre d'événements, dans l'espoir de profiter des œuvres sans être distraite par la foule. Vêtue d'un ensemble sobre mais impeccable, reflétant son goût pour les détails discrets, elle se déplaçait calmement entre les pièces, s'arrêtant sur chacune d'entre elles comme pour capturer non seulement le message de l'artiste, mais aussi le processus et les émotions derrière chaque trait et chaque couleur. Pour elle, l'art était un refuge, un endroit où elle pouvait projeter ses pensées et ses émotions sans avoir besoin de mots. Chaque œuvre lui parlait de quelque chose au-delà du visible, et dans cette conversation silencieuse, elle trouvait une paix que peu d'autres choses lui offraient.

Alors qu'elle regardait une peinture abstraite représentant un paysage dans des tons doux et flous, Marina a senti que quelqu'un la regardait. En se retournant, elle vit une femme debout à l'autre bout de la pièce. Sofia était arrivée peu de temps après, entrant avec cette énergie insouciante qui l'avait toujours caractérisée. Contrairement à Marina, sa tenue, un ensemble moderne de tons neutres et de lignes audacieuses, a attiré l'attention sans effort, en parfaite harmonie avec sa personnalité créative. Sofia se déplaçait naturellement dans la galerie, comme si l'espace était une extension de sa propre maison, observant chaque œuvre avec un mélange de curiosité et d'enthousiasme insouciant.

Pour Sofia, l'art était une expression de la liberté, un moyen de remettre en question le statu quo et d'explorer de nouvelles idées. Ses yeux erraient d'une œuvre à l'autre, s'arrêtant un instant avant de continuer, comme si chaque pièce lui offrait une étincelle d'inspiration pour ses propres projets. La galerie était pleine de personnalités influentes, dont certaines que Sofia reconnaissait, mais elle préférait rester dans son propre monde, sans trop se soucier de l'apparence des autres.

Marina, de son coin, regardait Sofia avec une curiosité qu'elle ne pouvait cacher. Elle y avait quelque chose dans la façon dont Sofia se déplaçait, dans son air insouciant et son sourire facile, qui contrastait avec le sérieux contrôlé qu'elle projetait elle-même. Sofia rayonnait d'une énergie fraîche, presque magnétique, qui semblait capter l'attention de tout le monde à proximité, et Marina ne faisait pas exception. En la regardant, elle fut intriguée par la spontanéité de la femme, se demandant quelle histoire se cachait derrière cette expression détendue.

De son côté, Sofia avait également remarqué la présence de Marina. Dès l'instant où elle était entré dans la galerie, l'élégance et l'allure de cette femme avaient attiré son attention. Marina se tenait debout, d'une posture sereine, absorbée par le travail qui se déroulait devant elle, ne donnant aucun signe que l'agitation de l'événement l'affectait. Sofia a été attirée par le calme et le mystère qui émanaient de Marina, une sorte de magnétisme silencieux qui la distinguait des autres participants. C'était comme si Marina appartenait à un monde à part, un monde dans lequel le temps passait à un rythme différent, inconsciente des regards et des conversations triviales qui remplissaient l'espace.

La galerie, à l'atmosphère sophistiquée et au minimalisme soigné, semblait le cadre idéal pour que les deux femmes, si différentes dans leur façon d'être, se rencontrent. À cet endroit, l'art était un pont entre deux façons de voir le monde : pour Marina, chaque tableau était une fenêtre sur l'introspection, un rappel de l'importance du détail et de la patience. Pour Sofia, en revanche, l'art représentait l'aventure et l'expression de l'inattendu, une invitation à explorer de nouveaux horizons et à lâcher prise.

Sans avoir prononcé un seul mot, les deux hommes ont ressenti une connexion subtile et inexplicable. Leurs regards se rencontrèrent dans un instant fugace, une étincelle de reconnaissance qui les fit sourire légèrement avant de détourner le regard. C'était comme si, au milieu de la foule et du bruit, ils avaient trouvé un calme momentané, une sorte d'entente tacite qui allait au-delà des mots. À ce moment-là, sans le savoir, chacun avait laissé une profonde première impression sur l'autre.

La galerie était pleine de murmures et de mouvements, mais à l'instant où leurs yeux se rencontrèrent, le monde sembla s'arrêter une seconde. Marina, debout à côté d'une sculpture en bronze, leva les yeux et découvrit Sofia qui la regardait de l'autre côté de la pièce. Sofia, qui à ce moment-là finissait d'observer une peinture abstraite, rencontra les yeux de Marina, et toutes deux ressentirent une secousse qui les déconcerta. C'était une connexion inattendue, une étincelle de reconnaissance qui semblait transcender les mots et les motifs qui les avaient amenés là. Sans le vouloir, l'atmosphère était remplie d'une tension subtile, d'un courant invisible qui devenait plus palpable à chaque seconde où ils maintenaient un contact visuel.

Marina sentit un nœud dans son estomac, un mélange de curiosité et de prudence qui la rendait vulnérable d'une manière qu'elle n'avait pas connue depuis longtemps. Habituée à observer les gens à distance, Marina avait l'habitude de mettre en place des barrières invisibles, des lignes qu'elle laissait rarement franchir. Mais elle y avait quelque chose dans l'expression de Sofia qui la désarmait, un air de naturel et de confiance qui l'intriguait et lui causait un malaise inconnu. Qui était cette femme qui rayonnait d'une telle énergie insouciante ? Pourquoi éprouvait-elle un besoin inexplicable de se rapprocher, de la connaître au-delà de l'apparence ?

La réflexion a été brève, mais intense. Marina se dit qu'elle ne fallait pas qu'elle se laisse emporter par les impulsions ; Après tout, elle avait construit sa vie avec un contrôle méticuleux de ses émotions. Et pourtant, ce regard fugace avait réveillé quelque chose qu'elle lui était difficile d'ignorer. Dans son esprit, elle était partagée entre l'impulsion de se laisser emporter par cette attirance inattendue et la peur de rompre avec sa routine émotionnellement sûre. Elle savait, au fond d'elle-même, que s'engager passait par prendre des risques, et c'est précisément ce risque qui la faisait hésiter. Mais, pour la première fois depuis longtemps, le doute ne la dérangeait pas du tout.

Pour sa part, Sofia a perçu ce lien avec un mélange d'enthousiasme et d'attente. Pour elle, la vie était un ensemble d'expériences qu'elle devait explorer sans crainte, et Marina représentait un défi attrayant. Elle y avait quelque chose dans la manière sereine et réservée dont cette femme regardait les œuvres qui la fascinait, une sorte de mystère auquel Sofia ne pouvait résister. Au lieu d'être effrayée par l'apparente rigidité de Marina, Sofia ressentait un besoin croissant de briser cette barrière, de découvrir ce qu'elle y avait derrière cette expression contrôlée.

Sa curiosité n'était pas seulement superficielle ; quelque chose dans le regard de Marina lui parlait d'un monde intérieur complexe, un univers que Sofia voulait explorer. Peut-être parce qu'au fond d'elle-même, Sofia aspirait aussi à une connexion qui transcende les bavardages et les relations passagères. Marina était une figure intrigante pour lui, et son intuition lui disait que cette connexion n'était pas un simple caprice du moment. Elle était prête à se laisser aller, à se rapprocher et à voir jusqu'où elle pouvait aller avec cette nouvelle possibilité.

Les deux femmes, à des endroits opposés de la pièce, se regardaient de loin, chacune plongée dans ses pensées, ses désirs et ses peurs. La connexion était palpable, mais personne n'osait encore faire le premier pas. La galerie était encore pleine de monde, de voix et de lumières, mais pour eux, l'espace semblait s'être réduit à un seul instant, à un regard qui avait éveillé quelque chose de profond. Marina, luttant contre son instinct de s'éloigner, s'autorisa un dernier regard, se demandant si Sofia ressentait aussi cette intrigue qui la tenait maintenant agitée. Sofia, de son côté, sourit légèrement, comme si elle lui envoyait un message silencieux d'invitation, une promesse que leurs chemins étaient peut-être destinés à se rencontrer.

La scène s'est terminée avec les deux se regardant de loin, ne sachant pas encore l'impact qu'ils auraient l'un sur l'autre. Le sens de l'intrigue, cependant, les accompagnerait bien au-delà de cette galerie, les amenant à repenser leurs désirs et leurs besoins.

REGARDS CROISES

La salle de la galerie était pleine, mais le bruit des conversations et les pas doux des participants semblaient se dissiper dans l'air, comme si l'atmosphère se déplaçait au rythme tranquille des œuvres exposées. Marina et Sofia s'étaient déjà croisées dans le salon, un rapide coup d'œil qui avait à peine duré quelques secondes, mais qui ressemblait à une étincelle inexplicable.

Maintenant, leurs chemins se sont à nouveau croisés, cette fois devant une sculpture abstraite qui se tenait au centre de la pièce. L'œuvre, faite de métal tordu et poli, donnait l'impression d'être sur le point de s'effondrer, suspendue dans un équilibre qui défiait la gravité et la logique. Leurs lignes sinueuses semblaient danser dans l'air, projetant des ombres complexes sur le sol.

Marina était absorbée, les bras croisés, observant les détails de la sculpture. À côté d'elle, Sofia la regardait également, bien qu'avec une expression légèrement amusée, comme si cette structure fragile et en même temps robuste lui parlait de quelque chose au-delà de l'esthétique pure. Tous deux remarquèrent la présence de l'autre et, par réflexe, tournèrent la tête presque en même temps. Sofia fut la première à briser le silence, souriant calmement.

« Nous sommes-nous déjà rencontrés ? » Demanda Sofia, avec une pointe de curiosité dans la voix. J'ai l'impression de vous avoir déjà trouvé ailleurs.

Marina pencha la tête, reconnaissant la même familiarité que Sofia, mais ne se rappelant ni quand ni où. Elle y avait quelque chose dans ce sourire insouciant qui a déclenché un souvenir flou, le sentiment d'avoir partagé un moment quelque part qu'ils avaient tous les deux oublié.

« Peut-être », a répondu Marina, avec un demi-sourire qui a illuminé son visage. Ou peut-être est-ce juste cette impression que vous avez quand vous rencontrez quelqu'un... avec qui elle pense qu'elle aurait pu rencontrer.

La réponse a provoqué un petit rire chez Sofia, qui semblait apprécier l'énigme. Leurs regards revinrent sur la sculpture, et tous deux tombèrent dans un bref silence, observant les formes chaotiques et la structure apparemment fragile de l'œuvre devant eux. C'est Sofia qui, une fois de plus, a brisé le silence.

« On dirait que cette chose va tomber à tout moment, n'est-ce pas ? » Elle remarqua, montrant les points où le métal semblait à peine tenir son équilibre. C'est comme si l'artiste jouait pour nous rendre nerveux.

Marina hocha la tête, fascinée par le commentaire et par la façon dont Sofia semblait voir au-delà de l'évidence.

« Peut-être que c'est là que se trouve l'art, vous ne trouvez pas ? » Dit-elle, sans quitter la sculpture des yeux. Créer quelque chose qui défie le bon sens, qui semble fragile, mais qui est soutenu par la simple volonté.

Sofia la regarda de nouveau, et une étincelle d'intérêt se dessina dans son sourire. Cette femme au geste calme et à l'apparence réservée avait un regard que Sofia trouvait captivant, comme si derrière ce calme elle y avait une intensité que seuls ceux qui y prêtaient attention pouvaient voir.

« Êtes-vous restaurateur ? » Demanda Sofia, devinant au ton analytique de Marina qu'elle y avait une nuance technique dans ses mots.

« Oui. Restaurateur d'art", confirma Marina en le regardant. Elle était étrange pour lui que quelqu'un puisse déduire sa profession à partir d'une simple observation, mais d'une certaine manière, avec Sofia, cela semblait naturel. Vous?

« Architecte », répondit Sofia en laissant échapper un petit rire. Je suppose que nous sommes tous les deux un peu obsédés par la structure et l'équilibre.

Ils rirent tous les deux, et d'une manière ou d'une autre, le son de leur rire créa un petit espace privé au milieu de l'agitation de la galerie. Marina se surprit à apprécier cette conversation. Normalement, elle évitait les interactions informelles lors d'événements comme celui-ci, mais quelque chose chez Sofia lui donnait envie de prolonger ce moment, comme si chaque mot était une brique sur un pont reliant leurs mondes.

« Je pense que c'est là que réside la magie », a déclaré Sofia, pointant la sculpture avec un léger hochement de tête. Dans la façon dont quelque chose qui semble sur le point de se briser est toujours debout. Cela me rappelle la vie elle-même, vous ne trouvez pas ?

Marina la regarda, réfléchissant à ces mots. Oui, pensait-elle, elle y avait quelque chose dans cette structure précaire qui reflétait la complexité de la vie et ses équilibres fragiles.

« Certainement », a-t-elle répondu, avec une douceur dans la voix qui a surpris Sofia. Parfois, les choses les plus fortes sont celles qui sont sur le point de tomber.

La conversation entre eux semblait légère, mais sous la surface, ils ont tous deux vécu une connexion inattendue. C'était comme si cette sculpture, avec son numéro d'équilibriste, avait créé un lien entre eux, une compréhension tacite qui allait au-delà des mots.

« Eh bien, alors peut-être que nous nous reverrons ailleurs », commenta Sofia, souriant alors que leurs yeux s'entremêlaient à nouveau, cette fois avec une promesse silencieuse.

Marina, toujours intriguée d'avoir trouvé quelqu'un qui partageait les mêmes idées, a souri en retour.

« Peut-être que c'est inévitable », dit-elle doucement, avec un regard qui indiquait clairement qu'elle ne voulait pas que cette réunion soit sa dernière.

Les deux hommes se séparèrent avec un léger hochement de tête, chacun emportant avec lui la certitude que, d'une manière ou d'une autre, leurs chemins étaient destinés à se croiser à nouveau.

La pièce semblait avoir été réduite à ce coin de la galerie, où tous deux restaient devant la sculpture, presque inconscients du mouvement autour d'eux. Marina et Sofia se regardèrent à nouveau, cette fois sans la hâte ni la nervosité de quelques secondes auparavant. C'était comme s'ils avaient trouvé une excuse parfaite pour prolonger le moment, une conversation qu'aucun d'eux ne voulait terminer.

Sofia regarda à nouveau la sculpture, observant comment le métal tordu semblait défier toute logique structurelle. Des bords déchiquetés et des courbes impossibles réfléchissaient la lumière à des angles inhabituels, projetant des ombres abstraites sur le sol. Son ton était maintenant plus bas, presque conspirateur.

« Alors, quelle est votre théorie ? » demanda-t-elle avec un sourire malicieux. Comment pensez-vous que quelque chose d'aussi fragile soit encore debout ?

Marina, amusée par la question, croisa les bras, jetant à Sofia un regard inquisiteur.

« Je suppose que c'est un acte de foi de la part de l'artiste », a-t-elle répondu en s'autorisant un sourire. Vous devez avoir confiance que le matériel, même s'elle semble sur le point de céder, durera. Parfois, elle ne s'agit pas de ce que vous voyez, mais de ce que vous choisissez de croire.

Sofia hocha la tête, comme si cette réponse avait été exactement ce à quoi elle s'attendait, ou peut-être même celle qu'elle voulait entendre. Pendant un moment, aucun d'eux ne parla. Tous deux s'enfoncèrent dans leurs pensées, mais leurs regards restèrent entrelacés, comme s'elle y avait aussi quelque chose à dire dans le silence.

« Et dites-moi, est-ce que la restauration est ce qu'elle semble être ? » Sofia finit par demander. Un acte de foi que l'ancien peut revenir à ce qu'elle était ?

Marina prit une seconde pour répondre, surprise par l'observation. Elle était rare que quelqu'un l'exprime ainsi, et la précision de Sofia lui faisait penser qu'elle y avait beaucoup plus derrière son intérêt.

« En partie oui », a déclaré Marina d'un ton doux et pensif. Mais c'est aussi accepter que l'ancien n'est plus exactement ce qu'elle était. Le temps change tout, même quand on essaie de le reconstruire. Parfois, je me dis que plus que de restaurer, j'essaie de lui donner un nouveau sens, un sens qui respecte ce qu'était l'œuvre, mais aussi ce qu'elle est maintenant.

Sofia la regarda avec un mélange d'admiration et de complicité, comme si ces mots avaient touché quelque chose en elle. D'un geste calme, elle se pencha vers Marina, s'approchant un peu plus, comme si ce coin de la galerie était le seul endroit qui comptait.

—Cela ressemble un peu à la vie elle-même, n'est-ce pas ? murmura-t-elle. Les choses ne sont plus jamais les mêmes, mais cela ne veut pas dire qu'elles ne peuvent pas être belles d'une autre manière.

Marina ressentit un petit frisson en entendant ces mots, et sans le vouloir, son regard s'arrêta un instant, comme si Sofia avait vu en elle quelque chose qu'elle avait gardé caché. Ce simple commentaire contenait une vérité qui résonnait dans son propre cœur. Ce reflet de la vie, la fragilité des belles choses, l'importance de les reconstruire sans prétendre qu'elles étaient identiques à ce qu'elles étaient... C'était une pensée qu'elle partageait, mais qu'elle exprimait rarement.

— Tu as raison, murmura Marina avec un léger sourire. Je suppose que c'est ce qui rend tout cela intéressant, n'est-ce pas ? Si les choses étaient immuables, elle n'y aurait pas de mystère.

Sofia sourit et, sur un coup de tête, toucha légèrement le bras de Marina. Le geste a été bref, presque imperceptible, mais suffisant pour qu'ils ressentent tous les deux une connexion tangible, au-delà des mots.

« C'est définitivement un mystère », a déclaré Sofia. Mais ce sont les meilleurs. Ceux qui, peu importe à quel point vous essayez de les démêler, gardent toujours quelque chose de nouveau.

Marina laissa échapper un petit rire et réalisa qu'elle se sentait à l'aise, plus à l'aise qu'elle ne l'avait prévu au début. Sofia était quelqu'un en qui je pouvais avoir confiance, ou du moins, quelqu'un avec qui je pouvais lâcher prise sur les formalités et simplement profiter de la conversation.

« Eh bien, nous sommes d'accord là-dessus », répondit Marina, remarquant que toutes les deux, sans le vouloir, s'étaient rapprochées un peu plus. Alors, qu'est-ce qui vous amène ici, Sofia ? En plus de l'art, bien sûr.

Sofia la regarda, les yeux étincelants.

« Je suppose que cela me rend curieux. L'art est une excuse, un peu comme l'architecture l'est pour moi. J'aime ce que je vois, mais j'essaie toujours d'imaginer ce qu'elle y a au-delà, ce qu'on ne voit pas. C'est peut-être ma façon de comprendre les choses.

Marina hocha lentement la tête, reconnaissant quelque chose d'elle-même dans ces mots.

« Et qu'est-ce que vous pensez qu'elle y a au-delà de ce que vous voyez ? » Demanda-t-elle à voix basse, ne sachant pas si elle faisait référence à la sculpture ou à la conversation qu'ils partageaient.

Sofia la regarda droit dans les yeux, laissant le silence parler un instant avant de répondre.

« Je pense qu'elle y a quelqu'un qui comprend la beauté et l'équilibre comme quelque chose de complexe, comme quelque chose qui peut être maintenu même dans les moments les plus fragiles », a-t-elle déclaré, faisant référence à la fois à la sculpture et, d'une certaine manière, à Marina. Est-ce que j'ai tort ?

Marina n'a pas répondu immédiatement. Elle y avait quelque chose dans l'intensité du regard de Sofia qui la déconcertait, mais en même temps, lui faisait ressentir une étrange paix, comme si elle avait trouvé quelqu'un qui voyait au-delà de ses propres couches. Et pour la première fois depuis longtemps, elle s'est permis de penser qu'elle n'était peut-être pas nécessaire que tout soit immuable, que, dans cette galerie et dans cette nuit-là, elle pouvait se risquer à voir au-delà de son propre équilibre.

« Tu n'as pas tort », murmura-t-elle finalement, la fixant avec un mélange de connaissance et de curiosité. Pas entièrement, du moins.

Ils ont tous les deux souri, et la conversation s'est poursuivie, se rapprochant de plus en plus, de plus en plus personnelle.

La conversation s'est poursuivie avec un naturel surprenant, comme si les deux avaient partagé des pensées pendant des années. Sofia, avec son air spontané et son regard curieux, a recentré son attention sur la sculpture devant eux, montrant une courbe métallique qui semblait être tenue par la seule volonté.

« Tu sais ? » « Cette sculpture me rappelle le type d'architecture qui m'inspire », a déclaré Sofia d'un air pensif. J'aime quand une structure semble défier la logique, quand le design non seulement remplit sa fonction, mais provoque aussi, éveille quelque chose chez ceux qui le voient. Je pense que c'est ce que je recherche quand je crée : un peu de magie dans l'improbable.

Marina hocha la tête, réfléchissant à cette idée, mais la voyant de son propre point de vue.

« C'est intéressant que vous le voyiez de cette façon », a-t-elle répondu. Je pense à l'art sous un autre angle. Pour moi, la restauration d'une œuvre n'est pas tant un défi, mais plutôt un acte de préservation, comme si chaque œuvre contenait en elle-même un fragment d'histoire qu'elle faut respecter et garder intact, même si on lui donne une nouvelle vie. Ce que je cherche, c'est à capturer l'essence que l'artiste a essayé de capturer, sans la modifier.

Sofia l'écoutait attentivement, appréciant la façon dont Marina voyait le monde, comme un lieu où chaque détail et chaque histoire devaient être protégés. C'était une approche différente de la sienne, mais elle a senti que cette différence enrichissait la conversation.

« Vous voulez que l'art garde son histoire intacte », a déclaré Sofia avec un sourire. Moi, d'un autre côté, je veux créer quelque chose qui raconte une nouvelle histoire, quelque chose qui oblige celui qui le voit à réfléchir à des possibilités qu'elle n'avait pas envisagées auparavant. Je suppose que pour moi, l'art, et l'architecture en général, est une invitation à sortir de sa zone de confort.

Marina rit doucement, trouvant dans les mots de Sofia une audace qui, bien que différente de la sienne, la captivait.

« Elle semble que nous soyons aux antipodes dans ce domaine », a-t-elle déclaré. Je préfère le prévisible, ce que je peux contrôler et comprendre. Cela me donne de la sécurité de savoir qu'elle y a une continuité dans les choses, que quelque chose reste malgré le passage du temps.

Sofia se pencha légèrement vers elle, son expression éclairée par une étincelle de curiosité et de défi.

« Cela explique pourquoi vous êtes un restaurateur et non un architecte », a-t-elle dit, avec un sourire amusé. Pour moi, le contrôle n'est pas si important. J'aime l'idée de travailler avec quelque chose d'incertain, quelque chose que je peux modeler et transformer en quelque chose de nouveau. L'inconnu m'attire, comme une aventure.

Marina a immédiatement senti la différence, intriguée par l'audace de Sofia. Alors qu'elle s'accrochait à l'idée de préserver le passé, Sofia semblait vivre dans une volonté constante de créer et de se réinventer. Cependant, tous deux comprenaient que la préservation et l'innovation étaient nécessaires, et ils se sentaient complémentaires dans cette vision.

« Je suppose que tu es le genre de personne qui ne reste pas assise longtemps », dit Marina, d'un ton calme mais rempli d'une curiosité croissante. Je parie que vous êtes toujours à la recherche du prochain projet, de la prochaine idée.

« Coupable », a répondu Sofia en riant. Et je suppose que vous êtes de ceux qui méditent sur chaque décision, que vous ne feriez jamais rien sans l'analyser avant d'agir.

Marina hocha la tête, pas gênée par l'observation, mais au contraire, se sentant comprise.

« J'aime à penser qu'elle est important de savoir où nous allons », a-t-elle répondu. Les décisions impulsives peuvent parfois mener à des résultats inattendus. Je préfère les étapes sûres.

— Même si ces étapes sûres vous privent de découvrir quelque chose de surprenant ? Sofia a répondu doucement, sans quitter les yeux, comme si la question était bien plus qu'une simple curiosité.

Marina s'arrêta, surprise par l'interrogation. Elle est vrai que sa vie, dans une large mesure, a été marquée par la prudence et la prévisibilité. Cette question, dans un contexte informel, avait touché quelque chose de plus profond. Sans savoir exactement pourquoi, elle a ressenti le besoin d'être honnête.

« Je suppose que c'est un risque que je préfère ne pas prendre », a-t-elle admis. J'ai vu trop de choses fragiles se briser quand on essaie de les pousser au-delà de leurs limites. Je préfère penser que certaines choses ne peuvent être préservées qu'à distance.

Sofia hocha lentement la tête, comme si elle comprenait la logique derrière cette déclaration, mais elle y avait quelque chose dans son expression qui révélait un soupçon de tristesse et de défi.

« Vous avez peut-être raison », dit-elle doucement. Mais, parfois, se rapprocher est le seul moyen de savoir s'elle y a vraiment quelque chose à préserver.

La phrase resta suspendue dans l'air, et tous deux se turent un instant, absorbant le poids de ces mots. Marina s'est rendu compte qu'elle y avait quelque chose chez Sofia, une audace mêlée de vulnérabilité, qui rendait ses murs habituels moins nécessaires, qui lui permettait, même si ce n'était que pour quelques minutes, de se montrer telle qu'elle était.

Au cours de la conversation, de petits gestes d'intérêt se succédaient sans effort. Un regard soutenu, un sourire partagé, un léger mouvement vers l'autre. La distance qui les séparait s'était réduite sans qu'ils s'en aperçoivent, et la familiarité qu'ils ressentaient grandissait à chaque mot, à chaque phrase, à chaque échange d'idées.

« J'aime bien te parler, Marina », dit finalement Sofia, d'un ton bas mais sincère. C'est rafraîchissant de trouver quelqu'un qui voit le monde d'une manière si différente, et en même temps me fait voir quelque chose de familier en moi.

Marina sentit une chaleur inattendue sur ses joues. D'habitude, elle ne s'ouvrait pas aussi facilement aux autres, et encore moins lors d'un événement social, mais avec Sofia, c'était différent. Elle y avait quelque chose dans sa présence qui la mettait à l'aise, comme si cette femme était venue lui rappeler que, parfois, un peu de chaos peut être aussi nécessaire que l'équilibre.

« Je dis la même chose, Sofia », a-t-elle répondu, avec un sourire qui est devenu plus intime qu'elle ne l'avait prévu. Peut-être que nous nous ressemblons plus que je ne le pensais.

Sofia sourit, et une étincelle d'intérêt sincère brilla dans ses yeux, une lueur de connexion au-delà de ce que l'un ou l'autre avait prévu lorsqu'ils entrèrent dans la galerie. À ce moment-là, le monde extérieur s'est brouillé, et dans leurs regards, dans leurs mots, ils ont tous deux senti que quelque chose d'inattendu venait de commencer.

Après un moment de conversation, Marina et Sofia ont continué à se promener dans la galerie, passant d'une œuvre à l'autre avec une complicité silencieuse qui s'était formée entre elles. Sur leur chemin, ils se sont retrouvés devant un tableau qui se démarquait des autres, non seulement par sa taille, mais aussi par l'intensité et la chaleur de ses couleurs. Elle s'agissait d'une peinture impressionniste aux tons chauds, où des figures éthérées s'entremêlaient dans une scène diffuse qui suggérait une rencontre fugace sous un ciel teinté de lumière dorée.

Tous deux s'arrêtèrent, sans parler, contemplant l'œuvre en silence. Le tableau transmettait un sentiment de nostalgie, de quelque chose qui existait et en même temps semblait s'échapper, comme s'elle reflétait un instant capturé juste avant qu'elle ne disparaisse. Les traits doux mais fermes des pinceaux, les ombres faibles et les jeux d'ombre et de lumière donnaient au tableau une sensation de profondeur et de mouvement qui rendait impossible de détourner le regard.

Marina a été la première à ressentir l'impact émotionnel de l'œuvre. Quelque chose dans cette scène lui était douloureusement familier, un lien inexplicable avec un amour qu'elle avait laissé derrière lui dans un coin de sa mémoire. En la contemplant, elle se souvint de ces moments qu'elle avait sacrifiés dans sa quête de succès et de stabilité, de ces liens profonds qu'elle avait lâchés pour accomplir la vie qu'elle avait construite. L'œuvre l'a transportée dans ces souvenirs, la remplissant d'un sentiment de mélancolie qui lui est venu sans avertissement, une sorte d'écho de ce qu'elle était autrefois et de ce dont elle ne pouvait plus que se souvenir.

Sofia, pour sa part, ressentait quelque chose de complètement différent. Le tableau lui a donné une liberté et une authenticité qu'elle avait elle-même recherchées tout au long de sa vie. Les figures en mouvement, le ciel doré et les traits presque flous lui parlaient d'impermanence, de vivre dans l'instant sans se soucier de ce qui allait suivre. Pour elle, le tableau représentait un désir profond de s'accrocher à ce qui compte vraiment, à ce qui est vrai et unique, sans craindre de s'effacer dans le temps.

Pendant plusieurs minutes, les deux femmes sont restées silencieuses, absorbées par le tableau, chacune immergée dans ses propres pensées et émotions. C'était comme si la pièce reflétait leurs propres histoires, les dualités auxquelles ils étaient confrontés dans leur vie, les désirs et les sacrifices qui, d'une manière ou d'une autre, les avaient amenés là. Bien qu'ils ne partageaient pas leurs pensées, ils ressentaient une connexion silencieuse, une compréhension mutuelle qui n'avait pas besoin de mots.

« C'est incroyable, n'est-ce pas ? » murmura Sofia, brisant le silence, mais gardant un ton doux, presque comme si elle craignait d'interrompre la magie du moment.

Marina hocha la tête, toujours sans quitter le tableau des yeux.

« Oui... C'est comme si je capturais quelque chose qui va au-delà du visible. Quelque chose qui est là, mais que vous ne pouvez pas maintenir.

Sofia la regarda de côté, percevant dans sa voix une vulnérabilité qu'elle n'avait pas remarquée auparavant. Elle y avait chez Marina quelque chose qui semblait ancré dans le passé, quelque chose qui la maintenait à une distance prudente de la vie, des gens. Elle a ressenti le besoin de demander, d'en apprendre davantage, mais elle a opté pour une approche plus subtile.

« Parfois, je pense qu'elle vaut mieux laisser certaines choses dans ce brouillard, vous savez ? » a déclaré Sofia, faisant référence aux figures éthérées du tableau. C'est comme si essayer de les attraper leur faisait perdre leur essence.

Marina hocha la tête, reconnaissant la vérité dans les paroles de Sofia. Ce travail semblait refléter sa propre vie dans un certain sens, ses efforts pour garder certaines choses intactes, pour préserver ce qui était autrefois important, même si cela signifiait sacrifier une partie de sa liberté.

« Peut-être avez-vous raison », admit Marina, d'un ton presque inaudible. Peut-être que la vraie beauté est d'accepter que certaines choses doivent être éphémères.

Tous deux se turent à nouveau, chacun plongé dans les pensées que le tableau évoquait. C'était étrange, mais la présence de Sofia à côté d'elle, sans pression, sans besoin de parler, a rendu cette introspection moins lourde, comme si ce moment partagé l'avait aidée à traiter ce qu'elle cachait normalement.

« Tu sais ? » Dit finalement Sofia, brisant le silence. Ce tableau me rappelle une phrase que j'ai lue un jour : « La beauté n'est pas toujours dans ce qui reste, mais dans ce qui est lâché. » Je pense que c'est pourquoi je me sens si lié à ce travail. Cela me rappelle qu'elle n'est pas nécessaire de tout conserver, qu'elle est parfois préférable d'en profiter tant que cela dure.

Marina la regarda et, pendant un instant, ressentit une connexion profonde et sincère, comme si cette phrase parlait aussi de leur rencontre, de cette conversation qui, sans le savoir, semait une graine en elle.

« Peut-être », a-t-elle dit, souriant avec un soupçon de tristesse et d'acceptation. Ou peut-être que certaines choses sont lâchées pour être retrouvées d'une autre manière.

Sofia la regarda, saisissant l'ambiguïté de ces mots, mais ne la pressant pas d'en dire plus. Elle savait qu'elle y avait quelque chose en Marina qui était encore voilé, quelque chose qu'elle devait décider elle-même si elle voulait partager. Au lieu d'insister, elle sourit en retour et hocha la tête, laissant ce moment suspendu dans l'air comme une promesse tacite.

Ils se tenaient là, côte à côte, partageant le poids de leurs pensées et le calme que le tableau leur offrait. Sans avoir besoin d'en parler, ils ont tous deux senti que ce tableau, avec ses ombres et ses couleurs diffuses, deviendrait un symbole de leur connexion, quelque chose qui se souviendrait à jamais de l'intensité de cette première rencontre et de ce qu'elle signifiait pour eux deux.

Marina et Sofia restèrent silencieuses un peu plus longtemps devant le tableau, comme si chaque trait et chaque ombre éthérée reflétaient quelque chose de leur conversation. Les mots s'estompèrent entre eux, et tous deux sentirent que le temps s'était écoulé sans qu'ils s'en aperçoivent à peine.

Marina, debout à côté de Sofia, était surprise de voir à quel point elle avait facilement partagé ses pensées, à quel point elle était naturel pour elle d'être avec elle. Elle n'était pas courant qu'elle se sente aussi à l'aise dans une conversation, et encore moins avec quelqu'un qu'elle connaissait à peine. La chaleur et la façon de voir le monde de Sofia avaient désarmé ses réserves, l'amenant à s'ouvrir sans effort. La connexion qu'elle avait ressentie avec elle l'intriguait profondément, et bien qu'elle doutât qu'elle doive aller dans cette direction, elle savait que cette rencontre l'avait déjà marquée.

Sofia, quant à elle, a éprouvé un mélange de satisfaction et de curiosité. Ce n'est pas souvent que quelqu'un a attiré son attention aussi rapidement ou lui a fait voir son propre travail et ses propres idées sous un jour différent. Elle éprouvait une familiarité inexplicable avec Marina, comme s'elle y avait entre eux une entente qui n'avait pas besoin de mots. Alors qu'elle s'enfonçait dans ses pensées, un sourire se dessina sur son visage, sentant que ce soir, sans le vouloir, elle avait trouvé quelqu'un de différent.

Après quelques minutes, ils ont tous deux commencé à se diriger vers la sortie, marchant côte à côte avec le naturel de ceux qui partagent quelque chose de spécial. Arrivée près de l'entrée, Sofia s'arrêta, avec une expression décontractée mais une étincelle dans les yeux qu'elle ne put cacher.

Alors qu'elles se dirigeaient vers la sortie, Marina et Sofia marchaient côte à côte, profitant des derniers instants d'une conversation qui avait laissé une marque inattendue sur elles deux. Lorsqu'ils arrivèrent près de l'entrée, Sofia s'arrêta et, avec cette étincelle dans les yeux qui faisait déjà partie de sa personnalité, elle fit une suggestion désinvolte :

« Je pense que nous devrions continuer ce discours un jour. Elle sourit, regardant Marina avec curiosité. Je connais un café près d'ici qui m'inspire toujours. Peut-être pourrions-nous nous y rencontrer un jour, sans hâte et avec une bonne tasse de café entre les deux.

Marina ressentait le besoin de dire non, de maintenir l'équilibre qu'elle chérissait tant dans sa vie, mais quelque chose en elle a décidé de prendre un risque, guidé par le naturel avec lequel la conversation s'était déroulée ce soir-là. Alors, avec un doux sourire et un soupçon de nervosité dans la voix, elle hocha la tête.

"Je pense que c'est une bonne idée. Elle resta silencieux une seconde, puis ajouta. Pensez-vous que si nous nous connections sur LinkedIn ? De cette façon, nous nous assurons que cette conversation ne reste pas seulement une bonne intention.

Sofia, surprise et satisfaite de l'idée, hocha immédiatement la tête.

"Parfait. Elle a sorti son téléphone et a cherché le profil de Marina sur LinkedIn. Tous deux se sont envoyé des demandes de connexion, scellant d'un geste professionnel la promesse de se revoir.

À la fin de l'échange de leurs profils, un mélange d'attentes et de curiosité les a envahis. Bien que le contact ait été formel, ils ont tous deux senti qu'elle y avait une connexion plus profonde en lui, une opportunité de continuer à se découvrir d'une manière qui allait au-delà du professionnel.

Lorsqu'ils ont finalement franchi les portes de la galerie et se sont retrouvés dans la fraîcheur de la nuit, ils ont échangé un dernier regard. Elle n'y avait pas besoin de mots ; La connexion qu'ils avaient ressentie pendant l'exposition était suffisante. Sans en être sûrs, tous deux ont eu l'intuition que cet échange sur LinkedIn pourrait être le début de quelque chose d'important.

Avec un sourire d'adieu, chacune a suivi son propre chemin, immergée dans ses propres pensées. Marina s'est rendu compte qu'elle était excitée à l'idée de revoir Sofia, une excitation qui l'a prise par surprise. Sofia, de son côté, marchait avec un léger sourire, convaincue que cette rencontre avait été plus qu'une coïncidence, et que, d'une manière ou d'une autre, leurs chemins se croiseraient à nouveau.

CHEMINS PARALLELES

Chaque jour, Marina se déplaçait dans la galerie d'art avec l'élégance et la précision de quelqu'un qui comprend chaque recoin de son espace comme une extension d'elle-même. Sa galerie, située dans le centre historique de la ville, était connue pour son architecture moderne et minimaliste, une toile de fond parfaite pour les œuvres soigneusement sélectionnées qu'elle exposait. Les murs blancs et les planchers de bois clair ont rehaussé les couleurs et les textures de chaque pièce, permettant à chaque œuvre d'avoir son propre espace pour respirer et être appréciée.

Marina se promenait dans la pièce principale, observant chaque détail d'un œil critique. Pour elle, rien n'est fortuit : de l'éclairage à l'agencement de chaque œuvre, chaque élément doit être en harmonie. L'art était une passion qu'elle connaissait non seulement, mais qu'elle respectait profondément, et qui se reflétait dans la façon dont elle dirigeait sa galerie. Son dévouement et son jugement infaillible lui avaient valu la confiance de certains des collectionneurs les plus importants de la ville, qui venaient le voir pour obtenir des conseils et des recommandations. Avec une élégance sereine et une sécurité que peu possédaient, Marina conseillait ces clients, comprenait leurs goûts et les aidait à trouver des œuvres qui correspondaient non seulement à sa collection, mais aussi à leur personnalité.

Dans son environnement de travail, Marina montrait une image de contrôle absolu, une sorte de perfectionnisme qui inspirait le respect, et même une certaine peur, chez ceux qui travaillaient avec elle. Ses employés savaient qu'elle remarquerait la moindre erreur, mais ils comprenaient aussi que ses normes étaient ce qui avait amené la galerie à la position prestigieuse dans laquelle elle se trouvait. Lors des vernissages de nouvelles expositions, sa présence était toujours irréprochable ; Ses vêtements sobres et élégants, son attitude calme et sa façon de se déplacer parmi les invités transmettaient un air d'autorité qui faisait confiance à son jugement.

Alors que Marina s'immergeait dans son monde d'art et de perfection, Sofia s'est retrouvée dans une atmosphère complètement différente dans son bureau d'architecture, un lieu plein de vie et d'énergie. Son atelier, situé dans l'un des quartiers les plus dynamiques de la ville, était un espace où les idées circulaient sans restrictions, reflétant l'esprit ouvert et audacieux de son créateur. Les murs étaient couverts de croquis et de plans, certains encadrés, d'autres placés de manière informelle, comme si le fouillis était une invitation à la créativité. Au centre de la pièce principale se trouvaient plusieurs maquettes à moitié finies, dont certaines représentaient des projets en cours, tandis que d'autres n'étaient que des expériences, des idées en cours que Sofia n'était pas sûre de réaliser mais qu'elle aimait explorer.

Sofia, avec son attitude détendue et son enthousiasme contagieux, se déplaçait parmi les membres de son équipe, offrant des suggestions, partageant des idées et les encourageant à explorer de nouveaux concepts. Pour elle, le design était quelque chose à vivre et à ressentir ; Elle ne se limitait pas au fonctionnel, mais cherchait à provoquer une expérience chez ceux qui habitaient ses espaces. Leurs réunions étaient animées, souvent accompagnées de musique douce et de café, créant une atmosphère où chacun était motivé à apporter ses meilleures idées. Sofia avait le don de faire en sorte que chaque membre de son équipe se sente valorisé, et sa capacité à écouter et à adapter les idées des autres au projet final était l'une des qualités qui l'ont rendue si appréciée.

Lorsque les clients sont arrivés, Sofia s'est transformée, adoptant une posture professionnelle sans perdre son naturel. Elle a présenté ses propositions avec passion et clarté, décrivant comment chaque espace pouvait devenir plus qu'une simple structure, un lieu avec une âme, un espace qui provoquait des émotions. Ses clients, dont beaucoup étaient de haut niveau, ont été attirés par son approche unique, sa capacité à voir au-delà des besoins pratiques et à transformer chaque projet en une œuvre qui combine art et fonction.

Alors que Marina et Sofia vaquaient à leurs occupations quotidiennes, chacune dans son propre monde de créativité et de succès, elles ont toutes deux ressenti un profond sentiment de satisfaction à l'égard du chemin qu'elles avaient construit. Cependant, elle y avait une différence notable dans leurs approches : Marina recherchait la perfection dans les détails et un contrôle méticuleux de chaque aspect de sa galerie, tandis que Sofia penchait vers la spontanéité et la découverte, permettant aux idées de circuler sans barrières dans son atelier. Ces qualités, bien que contrastées, reflètent l'essence de leur vie : une recherche constante de sens, que ce soit dans l'art ou l'architecture, dans la structure ou la liberté.

Tous deux partageaient un dévouement absolu à leur travail, une passion qui les avait amenés à atteindre un statut élevé dans leurs domaines respectifs. Mais alors que Marina trouvait une sorte de refuge dans le calme de sa galerie, Sofia trouvait de l'énergie dans le chaos ordonné de son bureau.

Marina a mené une vie méticuleusement ordonnée, chaque aspect de sa journée a été soigneusement planifié, depuis son arrivée à la galerie jusqu'au dernier détail de chaque exposition. La structure lui donnait la sécurité dont elle avait besoin, un contrôle sur le monde autour d'elle que peu de gens comprenaient. Son emploi du temps était toujours chargé, avec des réunions, des appels et des critiques constantes de chaque pièce de sa galerie. Cet ordre dans sa vie professionnelle était presque un refuge, un moyen de tenir à distance toute émotion qui pourrait la déstabiliser. Et, bien que le succès l'entourait et que le respect de ses collègues soit palpable, Marina ressentait un vide que le succès ne pouvait combler.

Elle y avait des nuits où, après avoir fermé la galerie et être retournée dans son appartement silencieux, Marina fixait les murs ornés de pièces qu'elle avait choisies avec tant de soin, ressentant une sorte de déconnexion entre elle et le monde qu'elle avait construit. Sa réussite professionnelle lui avait donné stabilité et reconnaissance, mais elle avait aussi créé un mur invisible entre elle et les autres. Dans sa quête de perfection et de maintien de sa réputation, Marina avait mis de côté ses besoins émotionnels, les reléguant dans un coin où elle-même n'osait pas les explorer. Elle avait appris à cacher ce vide derrière un masque de calme et de sécurité, et peu de gens, voire aucun, ne se rendaient compte que sa vie structurée et méticuleuse était aussi un moyen de s'isoler.

Ce contraste entre sa vie extérieure et son monde intérieur s'intensifiait chaque fois que quelqu'un la louait pour son succès ou pour la sélection exquise de sa galerie. Marina les remercia poliment, mais au fond d'elle-même, elle sentait que ces compliments résonnaient dans le vide. À quoi servait tant de reconnaissance si, à la fin de la journée, je n'avais personne avec qui la partager vraiment ? Chaque exposition était un triomphe et, en même temps, un rappel de cette déconnexion émotionnelle. Elle était arrivé à un point où, bien qu'elle aimait profondément son travail, elle se demandait si sa vie ne pourrait être rien de plus qu'un effort continu pour maintenir cet ordre et cette perfection.

D'autre part, Sofia vivait dans un contraste apparent. Sa vie était pleine de mouvements, de projets, de connexions et, surtout, de liberté. Depuis qu'elle a fondé son cabinet d'architecture, sa carrière a été une succession de réalisations et de collaborations créatives qui l'ont remplie d'enthousiasme. Chaque nouveau projet était l'occasion d'explorer, d'innover, d'exprimer sa vision et de bousculer les conventions. Sa vie quotidienne était remplie de rencontres, de visites de sites et de conversations avec des artistes, et bien que sa vie professionnelle ait été intense, elle s'est sentie chanceuse de pouvoir vivre avec une telle liberté créative.

Cependant, cette même liberté qui lui donnait des ailes était aussi une source d'agitation constante. Bien qu'elle appréciait son indépendance et le fait qu'elle pouvait vivre sans limites, elle y avait des soirs où, lorsqu'elle rentrait dans son loft après une longue journée, elle éprouvait un sentiment d'insatisfaction qu'elle avait du mal à identifier. Son succès lui a permis d'explorer ses passions sans restrictions, mais au fond d'elle-même, Sofia sentait qu'elle manquait quelque chose, comme si son style de vie, si plein de stimuli et de mouvement, était incapable de se maintenir.

Elle avait eu plusieurs relations dans le passé, mais aucune d'entre elles n'avait réussi à combler ce vide émotionnel qu'elle ne savait elle-même pas comment expliquer. La créativité, le mouvement, le contact avec des personnes intéressantes et les expériences uniques étaient quelque chose qu'elle appréciait, mais elle y avait des moments où, lorsqu'elle s'arrêtait, elle se rendait compte que tout cela ne suffisait pas. Sofia aspirait à une connexion authentique, une relation qui serait capable de toucher quelque chose de plus profond en elle, mais elle avait aussi peur de l'idée de perdre sa liberté et son style de vie. Ce paradoxe l'a maintenue dans un état de recherche constante, un désir de trouver quelque chose de plus significatif sans perdre ce qu'elle appréciait tant.

Malgré leurs différences, Marina et Sofia partageaient un paradoxe similaire dans leurs réalisations. Marina, avec sa vie structurée et son souci de l'ordre, et Sofia, avec sa liberté créative et son désir d'explorer, ont toutes deux construit des existences qui leur ont fourni une stabilité et un succès admirables. Mais aucun d'eux ne pouvait ignorer le sentiment qu'elle manquait quelque chose de fondamental, quelque chose que la réussite professionnelle et la stabilité financière ne pouvaient pas combler.

Alors que Marina a trouvé refuge dans le contrôle et le perfectionnisme, Sofia a trouvé sa sécurité dans le mouvement et l'indépendance. Marina aspirait à une connexion qui briserait la rigidité de sa vie ordonnée, tandis que Sofia voulait une relation qui lui donnerait un sens sans compromettre sa liberté. C'étaient deux femmes qui avaient réussi, chacune confrontée à ses propres contradictions, prises entre la réalisation de leurs rêves professionnels et le vide émotionnel qui, malgré leurs réalisations, était encore présent dans leur vie.

Le succès avait apporté avec lui une série de privilèges dont Marina et Sofia ont profité sans hésiter. Ils vivaient tous les deux dans un monde de luxe et d'exclusivité, un monde que beaucoup de gens ne pouvaient qu'imaginer. La stabilité économique qu'ils avaient atteinte grâce à leurs carrières respectives leur a permis d'explorer leurs passions et de vivre des expériences uniques sans se soucier des limitations matérielles.

Marina, avec sa vie méticuleusement planifiée, aimait dîner dans des restaurants haut de gamme, où elle se sentait à l'aise dans l'atmosphère sobre et élégante qu'elle appréciait tant. Pour elle, la qualité était essentielle, non seulement dans l'art qu'elle collectionnait et exposait, mais aussi dans le style de vie qu'elle avait construit. Pendant son temps libre, elle assiste à des ventes aux enchères d'art et à des expositions internationales, acquérant parfois des pièces exclusives qui non seulement augmentent le prestige de sa galerie, mais reflètent également son goût personnel exquis. L'argent n'était pas un obstacle pour Marina ; Cela lui a permis de vivre la vie qu'elle avait toujours voulue, une vie où elle pouvait s'entourer de beauté, d'histoire et de perfection. Même pendant ses vacances, elle préférait les destinations choisies, où elle pouvait profiter de musées, d'opéras et de théâtres renommés, s'immergeant dans la richesse culturelle de chaque lieu.

De son côté, Sofia a profité de son succès d'une manière différente. Pour elle, l'argent était un outil qui lui permettait de continuer à élargir son monde et à explorer sa créativité sans restrictions. Elle aimait les escapades impromptues dans des villes animées, les dîners dans les restaurants les plus innovants et les concerts intimes dans des lieux exclusifs. Sofia voyait le luxe non seulement comme l'accès à des lieux exclusifs, mais aussi comme un moyen de vivre la vie avec intensité. Le fait qu'elle puisse se permettre un tel style de vie la faisait se sentir libre et puissante, comme si rien ne pouvait l'arrêter. Cette liberté économique lui a permis non seulement de concevoir sans limites, mais aussi d'expérimenter de nouvelles idées, de nouveaux matériaux et de nouveaux concepts. Elle aimait investir dans des pièces de design, des œuvres d'artistes émergents et des objets uniques qui ajoutaient une touche spéciale à son environnement, transformant sa vie en une expérience esthétique constante.

Malgré les différences dans leurs approches, tous deux partageaient le privilège d'évoluer dans un monde où les problèmes matériels n'existaient pas. Mais alors qu'ils appréciaient ce style de vie, ils ressentaient également que le succès et la richesse ne parvenaient pas à remplir certains espaces de leur vie. Pour Marina, la liberté économique lui apportait confort et sécurité, mais elle avait aussi érigé un mur invisible qui la séparait de certaines expériences émotionnelles. Sa vie était si structurée et entourée de luxe que, parfois, elle avait l'impression que rien ne pouvait entrer ou sortir de ce cercle de perfection qu'elle avait construit. Son environnement, rempli d'œuvres d'art et d'objets de valeur, était à l'image de sa vie : soigneusement sélectionné, impeccable, mais aussi un peu froid et distant.

Bien qu'elle ait apprécié ses possessions et les expériences exclusives que son succès lui a données, Marina ne pouvait s'empêcher de se sentir, au fond d'elle-même, insatisfaite. Les dîners en solo, les voyages artistiques et les événements sociaux n'ont pas réussi à combler le vide émotionnel qui l'accompagnait. Elle y avait quelque chose dans cette vie confortable qui, au lieu de la libérer, l'emprisonnait dans une sorte d'isolement silencieux. Le succès, au lieu de la rapprocher des autres, semblait l'avoir repoussée, comme si elle s'était entourée d'un verre qui la séparait du monde. Dans sa quête de perfection et de stabilité, Marina avait oublié que parfois, une véritable connexion nécessitait de la vulnérabilité, et dans sa vie parfaite, elle n'y avait pas de place pour cette fragilité.

Sofia, quant à elle, voyait le succès comme une source d'énergie et une plate-forme pour continuer à développer sa créativité. Son indépendance économique lui a permis d'entrer en contact avec des personnes partageant les mêmes idées, d'assister à des événements culturels et d'explorer sans restrictions, en maintenant un style de vie que beaucoup envieraient. Mais, malgré la liberté que l'argent lui offrait, Sofia a commencé à se demander si son indépendance n'était pas, au fond, en train de l'éloigner des relations profondes qu'elle désirait. Elle était facile pour elle de s'entourer de personnes intéressantes, mais elle avait du mal à trouver une véritable connexion qui allait au-delà du superficiel.

Au fur et à mesure qu'elle progressait dans sa carrière et consolidait sa réputation, Sofia a senti que quelque chose dans sa vie était incomplet. Elle avait atteint la liberté économique qu'elle avait tant désirée, mais cette indépendance même commençait à peser sur lui d'une manière qu'elle ne pouvait pas comprendre pleinement. Parfois, après une nuit pleine d'activités et de nouvelles expériences, lorsqu'elle rentrait seule dans son loft, elle était envahie par un sentiment de solitude et de vide. Elle commençait à se demander si le vrai sens de la liberté consistait uniquement dans le succès ou si elle incluait également la capacité de se connecter profondément avec quelqu'un.

Alors qu'ils jouissaient tous les deux des privilèges de leur succès, chacun dans leur propre monde, ils ont commencé à se rendre compte que la richesse, tout en leur offrant une liberté incontestée, les avait également amenés à une sorte de carrefour émotionnel. Pour Marina, le succès était un refuge, mais aussi une cage qui l'éloignait des expériences émotionnelles authentiques. Pour Sofia, c'était une plate-forme à continuer à explorer, mais au fond, cela a commencé à ressembler à une barrière qui l'éloignait des relations profondes et durables. Tous deux savaient que leur vie, bien que réussie et confortable, n'était pas complètement satisfaisante.

Un après-midi, alors que Marina vérifiait des courriels et des messages dans son bureau, elle a remarqué une notification sur son LinkedIn. C'était un message de Sofia, court et précis, mais qui transmettait d'une certaine manière le charisme et la spontanéité que j'avais ressentis en elle depuis leur première rencontre.

« Bonjour, Marina. Je ne peux pas m'empêcher de penser à notre conversation dans la galerie et j'aimerais la poursuivre dans une atmosphère plus détendue. Aimerais-tu dîner avec moi un soir cette semaine ? Je connais un restaurant merveilleux, vous allez l'adorer. J'espère vous voir bientôt.

Sofia avait suggéré un restaurant haut de gamme et sophistiqué en plein centre-ville, un lieu connu autant pour son atmosphère élégante que pour sa cuisine innovante. Ce n'était pas n'importe quel restaurant ; c'était le genre d'endroit où les détails, de la conception au menu, étaient censés offrir une expérience complète, quelque chose que Sofia savait pouvoir résonner à Marina.

Marina fixa le message pendant quelques secondes de plus que nécessaire, un léger sourire apparaissant sur ses lèvres. L'invitation était décontractée et amicale, mais j'ai aussi senti quelque chose d'autre, une intention de mieux la connaître, de franchir cette ligne professionnelle que je maintenais normalement avec tout le monde. Bien que dans son monde de l'art et de l'exclusivité, elle recevait constamment des invitations à des événements, des dîners et des réunions, elle était rare que quelqu'un propose quelque chose d'aussi direct et personnel.

Marina ressentit d'abord une légère résistance. Sa vie a été marquée par des limites claires, et l'une d'entre elles était d'entretenir des relations sur le plan professionnel. Qu'est-ce qui pourrait être différent dans ce dîner ? C'était une question qui lui trottait dans la tête. En même temps, elle se souvenait du temps qu'elle avait passé avec Sofia dans la galerie, de la façon dont, presque sans s'en rendre compte, ils avaient abordé des sujets profonds. Elle y avait chez cette femme quelque chose qui la mettait à l'aise, une authenticité qu'elle ne trouvait pas chez les gens qui l'entouraient.

Accepter l'invitation signifiait faire un pas en territoire inconnu, dans quelque chose qu'elle ne pouvait pas contrôler comme ses présentations, et ce manque de contrôle a généré un mélange d'intrigue et de nervosité. Marina était à la croisée des chemins : accepter l'invitation signifiait ouvrir la porte à une connexion plus personnelle, ce qu'elle évitait habituellement, mais c'était aussi l'occasion de vivre quelque chose de nouveau, quelque chose dont elle ressentait le besoin.

En regardant le message, elle s'est souvenue des paroles de Sofia sur l'impermanence et la liberté dans l'art et l'architecture. Cette conversation l'avait marqué, une étincelle de curiosité à explorer au-delà de ses limites habituelles. Peut-être était-elle temps de lâcher leurs barrières, ne serait-ce que pour une nuit.

Finalement, après quelques instants de réflexion, Marina a pris une décision. Elle a tapé une courte réponse, son ton poli et professionnel habituel adouci par une touche de proximité qu'elle ne montrait pas habituellement dans ses messages.

« Bonjour, Sofia. J'adorerais. Je pense que c'est une excellente idée. J'accepte l'invitation et fais confiance à votre recommandation pour le restaurant. Faites-moi savoir le jour et l'heure. À bientôt.

En envoyant le message, elle ressentit un étrange mélange d'anticipation et de nervosité, une sensation qu'elle ne se souvenait pas avoir ressentie depuis longtemps. Elle y avait quelque chose dans ce dîner, cette rencontre avec Sofia, qui la rendait vulnérable mais aussi excitée, comme si, pour une fois, elle avait décidé de s'autoriser un petit détour de son chemin habituel.

Ce soir-là, alors qu'elle fermait la galerie et éteignait les lumières, elle pensa au dîner avec Sofia et aux possibilités d'une connexion qu'elle avait évitée jusqu'à présent.

Le restaurant que Sofia avait choisi était, sans aucun doute, l'endroit idéal pour cette première rencontre en dehors du domaine professionnel. Situé dans un coin discret et élégant de la ville, l'endroit était connu pour son design contemporain et sa cuisine d'auteur. En entrant, Marina a remarqué comment l'éclairage chaleureux et les lignes architecturales pures de l'espace créaient une atmosphère enveloppante et intime, qui semblait les inviter à laisser les formalités à la porte. Les tables, soigneusement espacées pour assurer l'intimité, étaient ornées de centres de table minimalistes et de bougies douces qui émettaient une lumière tamisée. Une musique douce, à peine perceptible, accompagnait le murmure des conversations des autres convives, enveloppant l'espace d'un sentiment de tranquillité.

Marina est arrivée quelques minutes avant Sofia et a pris place à une table à côté d'une fenêtre donnant sur un petit jardin intérieur. De là, j'ai pu voir les détails dans l'agencement de chaque élément du restaurant, des plats soigneusement choisis au design des lampes. En attendant, j'ai observé l'atmosphère, admirant l'habileté du designer à obtenir une atmosphère aussi raffinée. Dans sa propre vie, elle était une grande défenseure du détail et de l'équilibre, et elle pouvait apprécier le travail méticuleux derrière chaque aspect de cet endroit.

Quelques minutes plus tard, Sofia est apparue à l'entrée, et dès qu'elle l'a vue, Marina a remarqué comment sa présence remplissait l'espace. Habillée élégamment, mais avec une touche décontractée qui reflétait sa personnalité insouciante, Sofia s'est approchée avec un sourire naturel et une énergie qui semblait envelopper tout autour d'elle.

« Marina, attends-tu depuis longtemps ? » Demanda Sofia en s'asseyant et en la regardant directement, comme si elle essayait de saisir quelque chose au-delà des mots.

« Non, je suis arrivée récemment », a répondu Marina, souriant de son expression réservée habituelle.

Au début, la conversation s'est déroulée de manière légère et décontractée, comme une extension de la familiarité qu'ils avaient commencée dans la galerie. Sofia a commencé à parler de certains projets récents sur lesquels elle travaillait, décrivant un centre culturel qui cherchait à transformer un vieux bâtiment en un espace ouvert à l'art et à la communauté. Ses mains accompagnaient ses paroles et son enthousiasme était contagieux. Pour Sofia, l'architecture n'était pas seulement un métier, mais un moyen d'exprimer sa créativité et de générer des expériences, quelque chose qu'elle a toujours réussi à transmettre à ceux qui l'écoutaient.

« C'est incroyable de voir comment on considère chaque espace comme une histoire en soi », a commenté

78

Marina, fascinée par la façon dont Sofia parlait de ses projets. Cela me rappelle ma façon d'aborder l'art, en recherchant non seulement la beauté, mais aussi le message derrière chaque œuvre.

« Exactement », a répondu Sofia en souriant. Je pense qu'au fond, c'est ce que nous recherchons : créer ou préserver quelque chose qui vous fait ressentir, qui vous connecte. Et pour autant que je sache, en cela, vous et moi, nous sommes assez similaires.

Marina hocha la tête, réalisant que, pour la première fois, quelqu'un la comprenait d'une manière aussi simple et directe. Sur un ton plus détendu, elle a partagé des anecdotes sur certaines expositions récentes à la galerie, les artistes avec lesquels elle a travaillé et les défis de préserver l'essence d'une œuvre tout en la préparant à l'admiration du public. Au fur et à mesure que la conversation progressait, ses gestes devenaient moins formels, et elle commençait peu à peu à lâcher ses barrières habituelles, se sentant, à sa grande surprise, en pleine confiance.

Sofia a remarqué ce changement et a décidé de porter la conversation à un niveau plus personnel, guidée par sa curiosité naturelle et son intuition.

—Et dans votre vie personnelle ? Demanda-t-elle en la regardant avec une lueur d'intérêt dans les yeux. Qu'est-ce qui vous inspire, qu'est-ce qui vous fait ressentir cette même connexion dont vous parlez dans l'art ?

Marina, qui n'avait pas l'habitude de recevoir des questions aussi directes, a pris une seconde pour répondre, sentant à quel point cette question la faisait se confronter à elle-même.

« J'ai toujours trouvé ce lien dans mon travail, dans la galerie », a-t-elle avoué, surprise par sa propre ouverture. L'art est quelque chose qui me donne de la stabilité et, en même temps, qui me met au défi. Mais, pour être honnête, j'ai parfois l'impression d'avoir passé tellement de temps immergé dans ce monde, que j'ai mis de côté... d'autres aspects importants.

Sofia écoutait attentivement, sentant la profondeur de ses mots. Marina n'était pas quelqu'un qui parlait beaucoup d'elle-même, et c'était l'occasion de connaître un côté plus intime d'elle-même. Sofia était intriguée par cette dualité dans sa personnalité, ce mélange de sécurité et de vulnérabilité qui rendait Marina si énigmatique.

« Je comprends », a-t-elle répondu doucement. Parfois, l'indépendance et la liberté peuvent devenir un obstacle, n'est-ce pas ? Je l'ai ressenti aussi. Elle est facile de se perdre au travail quand on aime ce que l'on fait... mais, parfois, j'ai aussi l'impression que cela m'éloigne de quelque chose que je ne peux pas identifier.

Marina la regarda, surprise et soulagée de trouver quelqu'un qui partageait un sentiment si similaire au sien.

« C'est comme si, d'une certaine manière, le succès créait un espace confortable mais isolé », murmure Marina. Comme si tout allait bien, mais en même temps, elle manquait quelque chose d'important.

Ce moment de compréhension mutuelle a marqué le début d'une connexion plus profonde. Tous deux ont commencé à partager des aspects de leur vie dont ils discutaient rarement. Marina a parlé de ses jours solitaires à la galerie, des sacrifices personnels qu'elle avait faits au nom de sa carrière et des doutes qui commençaient à s'élever en elle sur ce que signifiait réellement le succès. Sofia, pour sa part, a avoué ses craintes de se perdre dans sa liberté, de ne pas pouvoir trouver quelqu'un qui comprenne vraiment son besoin d'indépendance sans sacrifier une connexion authentique.

L'atmosphère du restaurant, avec ses lumières tamisées et l'intimité de la table qu'ils partageaient, semblait contenir tout le nécessaire pour que les deux ouvrent sans réservation. Entre rires et confidences, chacun a commencé à voir l'autre d'une manière nouvelle, percevant dans ses différences une sorte de miroir qui reflétait ses propres préoccupations. C'était la première fois que Marina parlait de ses émotions avec une telle honnêteté, et la spontanéité de Sofia faisait couler chaque mot naturellement.

Au fur et à mesure que le dîner avançait, les deux hommes ont partagé une série de petites révélations qui les ont fait se sentir de plus en plus proches. Sofia a senti chez Marina une profondeur et une sensibilité qui l'ont intriguée, et Marina a commencé à admirer la liberté de Sofia, cette liberté qu'elle désirait tant mais qu'elle s'était toujours sentie hors de portée.

À la fin du dîner, après des heures de conversation au cours desquelles la barrière entre leurs mondes avait disparu, les deux hommes ont échangé un regard qui a clairement montré que cette rencontre n'était que le début de quelque chose de spécial. Ils avaient trouvé en l'autre un mélange de compréhension et de défi qui les a poussés à s'ouvrir et à explorer leurs propres émotions.

« Merci d'avoir accepté mon invitation, Marina », a déclaré Sofia en disant au revoir, avec un sourire sincère et une touche de chaleur dans la voix. C'était une soirée incroyable.

« La gratitude est mutuelle », a répondu Marina, souriant en retour, n'évitant pas de sentir que quelque chose en elle avait légèrement changé. Je n'accepte généralement pas ce genre d'invitations, mais je suis content de l'avoir fait.

Ils se sont dit au revoir avec la promesse tacite de se revoir, de continuer à explorer cette connexion unique qui avait émergé entre eux.

Lorsqu'ils eurent fini de dîner, le restaurant était pratiquement vide, et le doux murmure de la musique d'ambiance semblait intensifier le silence entre eux, un silence chargé de significations qui n'avaient pas besoin de mots. Ils savaient tous les deux que cette nuit-là n'avait pas été un simple dîner décontracté entre connaissances. Elle y avait quelque chose dans l'air, dans les regards partagés et les rires sincères, qui leur faisait prendre conscience d'une connexion plus profonde, quelque chose qui s'était forgé dans l'espace sûr qu'ils avaient créé entre eux.

Elles se sont levées presque en même temps, et lorsque le serveur est venu chercher l'addition, Sofia et Marina ont échangé un sourire, le genre de sourire qui vient quand les mots ne suffisent pas. Sans le dire à haute voix, ils savaient que ce soir n'était que le début, qu'elle y avait quelque chose au-delà de la conversation sur leur travail ou leur vie ; Elle y avait quelque chose d'authentique, quelque chose qu'ils ressentaient tous les deux qu'ils devaient explorer.

Debout à côté de la table, Sofia prit une seconde pour observer Marina, réalisant qu'en une seule nuit, elle avait réussi à la voir plus que beaucoup ne le pensaient. Avec sa spontanéité habituelle, elle a tendu la main dans un geste qui se voulait décontracté, mais qui avait une touche d'intention, une touche de quelque chose qui cherchait à rester.

« C'était un vrai plaisir, Marina. Tu m'as donné l'impression que le temps s'était arrêté ce soir", a-t-elle dit, la regardant dans les yeux avec cette étincelle de sincérité qui la caractérisait.

Marina lui prit la main, remarquant la chaleur de ce geste et le regardant en retour. J'ai ressenti un mélange d'émotions inhabituelles : de l'intrigue, une touche de vulnérabilité et quelque chose que je ne comprenais pas complètement, mais que je savais être là, latent.

« Je dis la même chose, Sofia. Cela a été... différente", a-t-elle répondu, choisissant soigneusement ses mots, essayant d'exprimer la particularité de la nuit sans trop révéler d'elle-même. Mais dans ses yeux, dans le ton de sa voix, elle y avait une ouverture qui était nouvelle, une petite fissure que Sofia a captée instantanément.

Pendant un instant, le temps sembla s'être arrêté. Tous deux restèrent silencieux, se regardant simplement, partageant une sorte de dialogue muet qu'aucun d'eux n'avait anticipé. C'était comme si dans ce regard elle y avait une promesse, une invitation à continuer à explorer cette connexion qui commençait à peine à se former.

Sofia fut la première à briser le silence, mais sa voix était douce, presque un murmure.

« Je ne sais pas pour toi, mais j'ai le sentiment que nous nous reverrons bientôt. »

Marina, qui évitait normalement toute forme d'engagement émotionnel, a senti que, pour la première fois, elle ne voulait pas résister à cette idée. Elle hocha légèrement la tête, avec un sourire à peine perceptible.

« Je pense que oui », a-t-elle dit, et elle y avait une certitude tranquille dans ses paroles, comme si, pour la première fois, elle laissait quelque chose se produire sans essayer de le contrôler.

Ils quittèrent le restaurant ensemble, la brise nocturne frappant doucement leurs visages et remplissant l'air du parfum des plantes sur la terrasse. Ils marchèrent silencieusement vers le trottoir, sans rien dire, comme s'ils savaient tous les deux que les mots n'étaient plus nécessaires. Lorsqu'elles atteignirent la rue, elles s'arrêtèrent et, dans un élan inattendu, Sofia se pencha légèrement vers Marina, n'envahissant pas son espace, mais suffisamment près pour que sa présence soit intime.

« À bientôt, alors », dit-elle, et dans son ton elle y avait une promesse implicite, un engagement à se revoir.

Marina, qui était normalement réticente à s'ouvrir, sentit quelque chose en elle céder. Elle y avait de la chaleur dans la voix de Sofia, une invitation à lâcher prise, même si ce n'était qu'un peu. Elle hocha la tête, et son sourire s'élargit, devint plus sincère.

"Oui, à bientôt.

Ils se dirent au revoir avec un dernier regard, un regard qui en disait beaucoup plus qu'ils n'osaient l'exprimer à voix haute. Alors que Sofia s'éloignait, Marina l'a regardée jusqu'à ce qu'elle disparaisse dans les lumières de la ville, ressentant un mélange d'émotions qu'elle ne se souvenait pas avoir ressenties depuis longtemps.

En rentrant chez elle, Marina s'est rendu compte qu'elle y avait quelque chose de différent dans son humeur, quelque chose de plus léger, comme si cette conversation et cette connexion avec Sofia lui avaient ouvert une petite fenêtre sur un monde qu'elle avait oublié d'explorer. Alors qu'elle se frayait un chemin à travers les rues illuminées de la ville, elle sentit que ce dîner n'était que le début de quelque chose de plus, quelque chose que, sans savoir comment, elle attendait.

De son côté, Sofia, en s'éloignant, emportait avec elle un sentiment de satisfaction et de curiosité. Elle n'a pas été facile de trouver quelqu'un qui suscitait ce genre d'intérêt, ce mélange de défi et de connexion authentique. Elle y avait une profondeur en Marina que Sofia voulait continuer à découvrir, un mélange de force et de vulnérabilité qui la rendait spéciale. Elle savait, au fond de lui, que cette rencontre ne serait pas sa dernière, et qu'elle y avait quelque chose chez cette femme qui valait la peine d'être exploré, quelque chose qui pourrait changer le cours de leur vie d'une manière qu'elle ne pouvait pas encore imaginer.

Tous deux, à leur manière respective, portaient le sentiment que cette nuit n'était pas un adieu, mais une ouverture, une promesse tacite de se revoir et de continuer à explorer cette connexion qui s'était créée de manière inattendue.

SE DECOUVRIR ENSEMBLE

Lors de leur deuxième rendez-vous, Marina et Sofia ont choisi un restaurant encore plus exclusif et sophistiqué que le précédent, un endroit qui semblait parfait pour des retrouvailles qu'elles savaient toutes les deux être spéciales. Au cours des jours précédents, ils n'avaient pas perdu le contact ; des messages sporadiques sur LinkedIn et des commentaires sur des publications professionnelles avaient entretenu l'étincelle de ce premier dîner. Mais ce soir, c'était différent : elle ne s'agissait pas d'une interaction en ligne ou d'un commentaire informel. L'occasion de se regarder dans les yeux, de se retrouver sans les barrières des réseaux sociaux ni les formalités du monde professionnel.

Le restaurant était situé dans un bâtiment historique restauré, avec de hauts plafonds et des lampes suspendues qui illuminaient l'espace d'une chaleur tamisée et élégante. Les murs étaient ornés d'œuvres d'art modernes, de peintures abstraites aux couleurs profondes qui apportaient une touche de mystère à l'environnement. Dans toute la pièce, une lumière douce créait des ombres suggestives, et la disposition des tables, bien séparées les unes des autres, assurait une intimité presque totale aux convives. La musique instrumentale, un jazz doux, se mêlait au murmure des conversations, créant un espace de calme où tout semblait se dérouler à un rythme tranquille et contemplatif.

Marina est arrivée quelques minutes plus tôt et a été guidée vers une table près d'une fenêtre donnant sur un petit jardin éclairé par des lumières tamisées. L'environnement l'a captivée. Dans cet espace, où chaque détail semblait avoir été soigneusement conçu, elle se sentait en sécurité et calme, enveloppée dans une atmosphère d'équilibre qui lui permettait de mettre de côté ses réserves. Elle s'accorda quelques instants pour observer le restaurant et respirer la sérénité des lieux. Pour quelqu'un comme elle, amateur d'art et de bon goût, ce restaurant était un refuge où elle pouvait se laisser emporter par le charme de chaque élément.

Lorsque Sofia entra dans le restaurant, Marina la vit immédiatement. Sa présence a attiré l'attention de plusieurs convives, et elle n'était pas difficile de comprendre pourquoi. Vêtue d'un chemisier et d'un pantalon en soie vert foncé qui mettait en valeur sa silhouette élancée, Sofia avait l'air élégante et sophistiquée, mais avec cette touche d'informalité qui la caractérisait toujours. Ses cheveux tombaient librement sur ses épaules, et un sourire calme se dessina sur son visage lorsqu'elle vit Marina l'attendre. Sofia marchait avec assurance, rayonnant d'une énergie naturelle et charismatique qui contrastait avec le calme du lieu, donnant à la nuit une touche spéciale.

Marina, la voyant s'approcher, ressentit un mélange d'excitation et de nervosité qu'elle n'avait pas ressenti depuis longtemps. La présence de Sofia, si authentique et détendue, avait une puissance envoûtante qui la désarmait. Elle y avait quelque chose en elle qui la mettait à l'aise et en même temps générait un défi, une invitation tacite à sortir de ses propres limites.

Sofia s'approcha de la table et la salua avec un sourire chaleureux qui fit disparaître tout l'environnement.

« Marina, ravi de vous revoir », dit-elle en s'asseyant en face d'elle et en la regardant avec ce mélange de confiance et de curiosité qui lui semblait si caractéristique.

« Le plaisir est le mien, Sofia. Cet endroit est merveilleux, merci pour le choix", a répondu Marina, se sentant instantanément à l'aise.

Le restaurant, à l'atmosphère soignée, semblait fait pour eux, pour ce moment où les formalités s'estompent et où les deux hommes peuvent vraiment se parler. Tout au long de la soirée, Marina et Sofia ont senti comment l'espace contribuait à créer une bulle d'intimité, un cadre parfait où elles pouvaient se regarder, s'écouter et se découvrir dans une atmosphère d'élégance et de tranquillité.

Au fur et à mesure que la nuit avançait, le restaurant est devenu un cadre idéal pour ce qui se passait entre eux :

une connexion profonde et croissante qui, dans cette atmosphère de lumière tamisée et d'art sur les murs, semblait encore plus intense et significative.

Alors que le premier plat arrivait à table, Marina et Sofia ont commencé leur conversation sur un ton détendu, avec le naturel de celles qui se sentent déjà à l'aise en compagnie l'une de l'autre. Au début, les deux hommes se sont plongés dans le sujet qui les unissait : leurs carrières, une passion qui, d'une certaine manière, avait été le catalyseur de leur connexion.

Sofia, avec l'enthousiasme qui le caractérise, a commencé à parler d'un nouveau projet sur lequel elle travaillait, une œuvre architecturale qui cherchait à être quelque chose de plus qu'un bâtiment. Leur projet combinait design et fonctionnalité dans un espace pour la communauté artistique, un lieu où les créateurs de différentes disciplines pouvaient se rencontrer et collaborer, entourés d'un environnement qui inspirait à chaque tournant.

« C'est un projet qui m'enthousiasme beaucoup », a-t-elle avoué, les yeux brillants de cette étincelle de passion qui la caractérisait. Je ne veux pas simplement construire un bâtiment ; Je veux que ceux qui l'habitent sentent qu'elle fait partie d'eux, que cet espace leur parle, les invite à créer. L'architecture peut être bien plus que des murs, elle peut être une sorte de refuge émotionnel.

Marina écouta, captivée, remarquant le dévouement avec lequel Sofia parlait de son travail. Chaque mot révélait non seulement un engagement professionnel, mais aussi une profonde croyance en ce qu'elle faisait, une conviction que ses projets pouvaient d'une manière ou d'une autre transformer ceux qui les habitaient.

« C'est incroyable la vision que vous avez », a répondu Marina, avec un sourire qui a adouci son expression réservée habituelle. Parfois, je ressens quelque chose de similaire avec mes expositions. Je m'efforce de créer un espace où chaque œuvre raconte une histoire, où le visiteur peut se sentir partie prenante. Elle ne s'agit pas seulement de montrer de l'art, elle s'agit d'offrir une expérience qui relie les gens à ce qu'ils voient.

Sofia hocha la tête, trouvant dans les mots de Marina un écho de ses propres pensées. Tous deux savaient que leur travail était plus qu'une occupation ; C'était un moyen de communiquer, de se connecter, de donner un sens à leurs propres visions du monde. Au fond, la galerie de Marina et les projets architecturaux de Sofia étaient des extensions d'eux-mêmes, de leur désir de laisser une marque significative sur le monde.

La conversation s'est déroulée sans effort, comme s'ils partageaient une langue secrète. Marina a commencé à raconter quelques anecdotes de sa galerie, décrivant les réactions des visiteurs et comment, parfois, une œuvre d'art semblait résonner avec quelqu'un de manière inattendue.

Sofia a écouté attentivement, observant la sensibilité et l'amour du détail qui se reflétaient dans chacun des mots de Marina. Elle y avait quelque chose en elle qui allait au-delà du professionnalisme ; une sorte de dévouement silencieux et profond qui la rendait unique.

« Je suis fascinée par cette façon de voir l'art », a déclaré Sofia, sans cacher son admiration. Je pense que vous et moi partageons l'idée que nos professions sont plus que de simples occupations. Nous nous abandonnons à eux parce que, d'une certaine manière, ils sont une extension de ce que nous sommes.

Marina hocha la tête, se sentant comprise d'une manière qu'elle avait rarement connue. Normalement, sa vie professionnelle était quelque chose qu'elle gardait dans un environnement fermé, quelque chose qu'elle ne partageait qu'avec des collègues proches. Mais avec Sofia, c'était différent ; Elle sentait qu'elle pouvait parler librement, que sa passion était valorisée et que les deux étaient en quelque sorte liées par ce désir d'offrir quelque chose d'authentique au monde.

« C'est vrai. C'est comme s'elle y avait quelque chose dans ce que nous faisons qui nous permet de montrer une partie de nous-mêmes que nous ne pouvons pas toujours exprimer d'une autre manière », a admis Marina, surprise par sa propre honnêteté.

Au fur et à mesure que la conversation progressait, les deux hommes ont découvert des valeurs et des perspectives qu'ils partageaient. Marina et Sofia considéraient toutes deux leur profession comme essentielle dans leur vie, un moyen d'apporter quelque chose de significatif et d'avoir un impact sur les autres. Pour Marina, l'art était un moyen de préserver et de communiquer des émotions profondes, une fenêtre sur l'âme humaine. Pour Sofia, l'architecture était un acte de création qui pouvait changer la vie de ceux qui habitaient ses espaces.

Tout au long de la conversation, Marina n'a pas pu s'empêcher d'être surprise par l'authenticité et l'enthousiasme de Sofia, quelque chose qu'elle ne trouvait pas toujours chez les personnes qu'elle rencontrait. La vie de Sofia semblait pleine d'énergie et de passion, ce qui, d'une certaine manière, a aussi inspiré Marina à s'ouvrir un peu plus, à laisser la conversation se dérouler sans les barrières qu'elle avait l'habitude d'imposer.

Pour sa part, Sofia a commencé à voir en Marina une sensibilité qui l'intriguait. Sous son apparence réservée et sa voix sereine, elle y avait une profondeur et un dévouement à l'art que Sofia trouvait fascinants. Elle aimait la façon dont Marina s'arrêtait pour réfléchir à chaque mot, comment ses yeux s'illuminaient lorsqu'elle parlait de ses présentations et le soin qu'elle mettait dans tout ce qu'elle faisait.

Au milieu de la conversation, tous deux se rendirent compte qu'ils avaient mis la formalité de côté. La conversation n'était plus une simple interaction professionnelle ou un échange d'anecdotes ; Ce fut un moment de véritable connexion, où tous deux ont commencé à découvrir, petit à petit, qui était la personne en face d'eux.

Elle y avait une étincelle de reconnaissance mutuelle, le sentiment d'avoir trouvé en l'autre quelqu'un qui comprenait ses valeurs les plus profondes.

À l'arrivée du deuxième plat, la conversation entre Marina et Sofia a glissé, presque naturellement, vers un territoire plus personnel. Après avoir parlé de leurs projets et de leurs réalisations, ils ont tous deux senti que le moment était venu de partager quelque chose de plus, d'ouvrir une fenêtre sur le côté le plus humain et vulnérable de leur vie. Marina, qui gardait normalement une posture réservée, a surpris Sofia en prenant l'initiative.

« Vous savez », a commencé Marina, en regardant son verre de vin avant de lever les yeux vers Sofia, « J'ai consacré tellement de ma vie à la galerie, à l'art en général, que parfois je me demande si je n'ai pas oublié d'autres choses importantes.

Sofia sentit un changement dans le ton de sa voix, une douceur et une honnêteté qui contrastaient avec la confiance habituelle de Marina. Elle n'a pas été facile pour elle d'admettre que, derrière son succès, elle y avait un aspect de sa vie dont elle n'était pas complètement satisfaite. Avec un léger soupir, Marina continua :

—Quand j'étais jeune, l'art était tout pour moi. Je me suis promis de créer quelque chose qui en vaudrait vraiment la peine, quelque chose qui donnerait un sens à ma vie... Mais, au fil du temps, cette promesse est devenue une sorte d'obligation. Et même si je suis fier de ce que j'ai accompli, j'ai l'impression d'avoir perdu l'occasion de vivre d'autres expériences dans le processus. Elle y a des jours où je me demande si la passion pour l'art suffit à combler certaines lacunes.

Sofia écoutait en silence, impressionnée par la franchise de Marina et la vulnérabilité dont elle faisait preuve. Je savais à quel point elle devait être difficile pour quelqu'un d'aussi structuré et professionnel de parler de ses propres doutes et peurs. L'image de Marina en tant que femme incassable a semblé s'estomper, révélant une personne plus complexe, quelqu'un qui, malgré son succès, avait aussi des insécurités et des désirs insatisfaits.

« Je comprends parfaitement ce que tu dis », a répondu Sofia, d'un ton doux et compréhensif. Je pense que parfois la passion que nous ressentons pour notre travail peut devenir si absorbante qu'elle finit par être une forme de protection, vous ne trouvez pas ? Comme si, en s'abandonnant à elle, nous évitions d'affronter les parties de la vie qui nous font peur ou que nous ne savons pas gérer.

Marina hocha la tête, sentant que Sofia la comprenait d'une manière que peu de gens comprenaient. Ce commentaire lui a fait prendre conscience qu'en effet, son dévouement à l'art avait été une forme de refuge, un moyen d'éviter d'affronter certains aspects de sa vie qui étaient inconfortables ou douloureux pour elle.

Sofia, voyant que la conversation avait créé un espace sûr, a décidé de partager quelque chose de plus sur elle-même, en permettant à sa propre vulnérabilité de se mettre en lumière.

« Parfois, je ressens quelque chose de similaire à propos de ma liberté », a-t-elle avoué en baissant un peu la voix. J'ai toujours valorisé mon indépendance, ma capacité à décider et à vivre sans dépendre de personne... Mais, parfois, je me demande si cet amour de la liberté ne m'a pas isolé de liens profonds. J'ai eu des relations, bien sûr, mais je n'ai jamais eu l'impression qu'elle y avait quelqu'un avec qui je pouvais vraiment partager mon monde.

Marina la regarda avec empathie, percevant dans ses paroles un écho de ses propres sentiments. Tous deux avaient construit leur vie autour de leurs professions et d'une indépendance qui, au fond, leur avait aussi apporté la solitude. C'était un paradoxe que peu de gens pouvaient comprendre, mais à ce moment-là, entre les deux, une compréhension tacite et authentique a émergé.

—Succès... C'est une sorte de bénédiction et de fardeau, n'est-ce pas ? murmura Marina avec un ton de tristesse dans la voix. Cela nous donne la satisfaction de savoir que nous avons atteint nos objectifs, que nous avons réalisé ce que nous voulions... Mais, en même temps, cela crée une barrière, quelque chose qui nous éloigne des expériences que d'autres peuvent tenir pour acquises.

Sofia hocha la tête, saisissant l'essence de ce que Marina disait. Tous deux savaient que, sur le chemin du succès, ils avaient sacrifié une partie importante de leur vie, une partie à laquelle ils commençaient maintenant à aspirer. Dans ce restaurant élégant et calme, loin de leurs occupations quotidiennes et des pressions de leur environnement, tous deux se sont permis de ressentir, sans se juger, les vides que le succès n'avait pas su combler.

Pendant quelques secondes, le silence entre eux fut profond et confortable, un silence qui parlait plus fort que n'importe quel mot pouvait l'exprimer. Sofia, avec sa spontanéité habituelle, a interrompu le moment avec un léger sourire.

« Peut-être que ce soir, au moins, nous sommes un peu plus près de trouver quelque chose qui en vaille la peine », a-t-elle dit, d'un ton doux et sincère.

Marina la regarda, et dans ses yeux elle y avait un mélange de gratitude et d'espoir, quelque chose qu'elle n'avait pas l'habitude de montrer. Elle se sentait, d'une certaine manière, soulagée d'avoir partagé ses pensées avec quelqu'un qui la comprenait vraiment, quelqu'un qui non seulement écoutait ses paroles, mais semblait aussi ressentir la même chose. Ce soir-là, dans cet environnement élégant et sûr, tous deux ont commencé à voir en l'autre la possibilité de quelque chose de différent, une connexion qui allait au-delà du professionnel et qui touchait des fibres plus profondes et plus personnelles.

Au fur et à mesure que la soirée avançait, les deux femmes se sentaient plus ouvertes et plus à l'aise, sachant que la personne en face d'elles comprenait leurs peurs et leurs désirs insatisfaits.

La conversation entre Marina et Sofia a commencé à s'approfondir, se transformant en une réflexion sur le sens du succès, de la vie et du bonheur. En explorant ces sujets, l'intimité qui s'était créée entre eux les a amenés à s'ouvrir avec une sincérité peu commune, et ils se sont plongés dans une conversation qui est allée au-delà des attentes qu'ils avaient pour cette nuit-là.

Marina, après une gorgée de vin, a regardé Sofia avec une expression introspective, comme si elle était déchirée entre maintenir sa réserve habituelle ou se permettre la vulnérabilité de partager quelque chose de profond.

« Parfois, je me demande », a commencé Marina, en choisissant ses mots avec soin, « si tous ces efforts pour maintenir une vie structurée et méticuleuse... Cela m'a vraiment donné le bonheur que j'espérais. Ne vous méprenez pas, j'aime ce que je fais, et l'art fait partie de moi, mais... J'ai l'impression d'avoir construit une sorte de cage autour de moi. Une cage confortable, oui, mais... C'est toujours une cage.

Sofia, qui écoutait attentivement, a senti la lutte intérieure de Marina, cette tension entre son amour de l'ordre et son désir de quelque chose de plus spontané et libre. Elle hocha la tête, compréhensive, avant de répondre.

« C'est drôle comme ça nous arrive, n'est-ce pas ? » Sofia répondit, d'un ton réfléchi. Nous nous efforçons tellement d'obtenir la stabilité, le succès, et quand nous l'avons enfin, nous commençons à nous demander si nous n'avons pas trop sacrifié en cours de route. Je pense que parfois j'ai peur que mon indépendance devienne quelque chose qui m'isole, qui m'empêche d'avoir une véritable connexion avec quelqu'un.

Cette confession a profondément résonné chez Marina. Les deux femmes avaient travaillé dur pour réussir, et bien que ce succès leur ait donné beaucoup de satisfaction, elle avait également créé une barrière qui les séparait d'une vie plus émotionnelle et partagée. Le succès, qu'ils avaient d'abord considéré comme un objectif, était devenu une sorte de masque, couvrant leurs désirs les plus profonds et, en un sens, les faisant douter de leurs décisions.

— Peut-être, murmura Marina avec une pointe de mélancolie dans la voix, le vrai bonheur ne se trouve pas dans la réussite professionnelle. Peut-être est-ce dans ces moments que nous n'avons jamais prévus, dans les moments où nous osons être simplement... nous.

Sofia sourit, comprenant le message de Marina. Son propre chemin avait été rempli de décisions basées sur la liberté et l'indépendance, mais maintenant elle réalisait que cette liberté pouvait aussi l'éloigner des gens et des expériences qu'elle désirait au plus profond d'elle-même.

Ils ont décidé de changer le ton de la conversation, en la détournant vers des aspects de leur vie qu'ils ne partageaient pas normalement avec les autres. Sofia, toujours prête à briser la tension par sa spontanéité, demanda à Marina :

« Et, en dehors de la galerie, qu'est-ce qui vous plaît ? » Parce que je sens qu'elle y a beaucoup plus en vous que de l'art et du travail.

Marina sourit, un peu surprise et en même temps ravie de la curiosité de Sofia.

—J'aime la littérature classique, en particulier les romans qui explorent la psychologie des personnages. Je trouve en eux une complexité et une honnêteté qui me font me sentir moins seule, comme si d'une certaine manière, ces histoires comprenaient quelque chose qui est difficile à exprimer dans la vraie vie. Et... J'adore me promener dans le parc l'après-midi, surtout quand elle commence à faire nuit. C'est comme un rituel qui m'aide à me vider l'esprit et, d'une certaine manière, à me reconnecter avec moi-même.

Sofia écoutait fascinée, imaginant Marina marchant seule parmi les arbres du parc, plongée dans ses pensées, entourée de cet ordre et de cette paix qu'elle appréciait tant. Cette image lui a révélé une facette de Marina qu'elle n'avait pas anticipée, une facette introspective et poétique qui l'a rendue encore plus intrigante.

« Je peux t'imaginer marcher en silence, profitant du bruit des feuilles », a commenté Sofia en souriant. C'est drôle, parce que mes moments de déconnexion sont un peu différents. J'aime sortir sans aucun plan, découvrir de nouveaux endroits, me perdre dans les rues d'une ville inconnue ou prendre un vol inattendu. Les escapades impromptues me font me sentir vivante, comme si le monde avait toujours quelque chose à m'offrir si je me laissais aller.

Malgré leurs différences, les deux femmes ressentaient une attirance mutuelle pour l'authenticité et l'intensité des expériences. Marina a vu en Sofia une liberté qu'elle admirait, une capacité à vivre sans restrictions qui, d'une certaine manière, a éveillé en elle le désir d'explorer son propre côté plus spontané. D'autre part, Sofia a trouvé en Marina une sérénité et une profondeur qui l'intriguaient, une capacité à voir le monde à travers un objectif délicat et sensible.

Sofia, avec sa curiosité habituelle, s'arrêta avant de demander :

« Si vous pouviez tout quitter pour une journée et vivre une aventure... que feriez-vous ? »

Marina était pensive, surprise par la question, puis a esquissé un léger sourire.

— Je pense... J'irais à la plage, à une plage qui est loin, tranquille, où elle n'y a personne. Je restais là jusqu'au coucher du soleil, à écouter le bruit de la mer et à sentir que le temps n'existe pas.

Sofia la regarda, visiblement émue par sa réponse. La simplicité de ce désir en disait long sur Marina, une femme qui, malgré son apparente rigidité, aspirait aussi à ces moments de liberté, à ces moments de connexion avec la nature et avec l'éphémère.

« Si jamais tu veux vivre cette aventure, fais-le moi savoir », a déclaré Sofia, avec un sourire entendu. Ce serait un bon compagnon de voyage.

Ils riaient tous les deux, mais dans ce rire, elle y avait quelque chose de plus, une promesse implicite d'explorer ensemble ces espaces qu'ils désiraient tous les deux. Au fur et à mesure que la nuit avançait, le lien entre elles s'est approfondi et, au milieu de cette atmosphère intime et réfléchie, elles ont commencé à se voir non seulement comme deux professionnelles à succès, mais aussi comme deux femmes qui, malgré leurs différences, partageaient un désir commun : celui de trouver quelque chose d'authentique et de significatif dans leur vie.

La nuit s'écoulait entre conversations profondes et rires sincères, et chaque fois qu'une pause se faisait entre eux, ils sentaient tous les deux que le silence n'était pas gênant, mais un pont qui les reliait encore plus. Entre confessions et souvenirs, Sofia a partagé une anecdote amusante sur l'un de ses premiers projets, une histoire pleine d'enchevêtrements et de situations comiques qu'elle avait vécue lorsqu'elle était encore une jeune architecte en formation.

« Et j'étais là, en train d'essayer de convaincre mon patron que ce mur n'était pas « si tordu » et que c'était juste une question de perspective », a déclaré Sofia, en riant en se remémorant son désespoir à l'époque.

Marina, prise par la spontanéité de Sofia, ne put s'empêcher de laisser échapper un rire sincère, ce qui est rare pour elle, et de mettre de côté sa réserve habituelle. Les rires de tous les deux résonnaient doucement dans l'atmosphère calme du restaurant, et au milieu de ces rires, quelque chose d'inattendu s'est produit. Emportée par la spontanéité du moment, Sofia, sans trop réfléchir, étendit sa main sur la table et toucha doucement celle de Marina. C'était une touche brève et décontractée, mais pleine de sens.

Dès que leurs mains se rencontrèrent, le temps sembla s'arrêter. Les rires cessèrent, et un silence soudain emplit l'espace entre eux. Ils se regardèrent tous les deux, surpris par l'intensité de ce contact. En un instant, l'atmosphère du restaurant s'est estompée, et c'était comme si seuls les deux existaient, se regardant dans les yeux dans ce moment intime. Le contact de Sofia, bien que bref, avait transmis une chaleur et une intention qui allaient au-delà des mots, et elles le savaient toutes les deux.

La main de Sofia, chaude et confiante, contrastait avec la froideur que Marina avait l'habitude de projeter dans sa vie quotidienne. Pour la première fois depuis longtemps, Marina sentit ses défenses, si soigneusement construites, vaciller. Ce n'était pas seulement le contact physique, mais le sens qui se cache derrière, une sorte d'invitation tacite à lâcher le contrôle et à se permettre de ressentir quelque chose d'autre.

Marina, qui était autrefois si contrôlée et distante, a vécu une vague d'émotions qui l'a prise par surprise. La chaleur de ce contact transmettait quelque chose qu'elle n'avait pas ressenti depuis longtemps : un mélange de surprise, d'attraction et de vulnérabilité. L'expression de son visage changea, et pendant un instant, elle ne sut plus quoi faire de ses mains ou de son regard. Au lieu de se retirer rapidement, comme elle l'aurait fait en toute autre occasion, elle a laissé ce moment s'attarder, laissant le malaise initial se transformer en quelque chose de plus profond.

Ses yeux, d'ordinaire sereins et analytiques, reflétaient maintenant une vulnérabilité inattendue. Marina ressentait une attirance pour Sofia qui allait au-delà du rationnel, une connexion qui s'était développée dans leurs conversations et dans chaque petite confession partagée. C'était quelque chose qu'elle n'avait pas autorisé depuis longtemps, et même si cela l'effrayait au fond de lui, cela suscitait également un sentiment de curiosité et d'excitation.

Sans s'en rendre compte, elle baissa les yeux pendant une seconde, essayant de comprendre ce qui venait de se passer. Ce simple geste de baisser les yeux, de montrer sa vulnérabilité, n'est pas passé inaperçu auprès de Sofia. Sofia a remarqué comment Marina, la femme qui était toujours contrôlée et réservée, se montrait à ce moment-là comme quelqu'un de différent, quelqu'un qui avait aussi ses peurs, ses désirs et ses désirs cachés.

Avec un sourire doux et sincère, Sofia a gardé sa main sur la table, en respectant la distance, mais en la laissant là comme une sorte de signal, un petit pont qui était tendu entre eux. Elle n'y avait pas besoin de mots ; Le geste en disait long. Elle y avait une promesse silencieuse dans ce sourire, un message clair qu'elle était prête à attendre et à découvrir ce que Marina était également prête à offrir.

Le silence entre eux dura encore quelques secondes, et bien qu'ils ne se regardassent pas directement, ils ressentaient tous deux la connexion, le pouls commun, le magnétisme qui avait fait surface cette nuit-là. Marina, qui s'autorisait rarement ces moments, a décidé de ne pas briser la magie de ce moment. Avec un léger soupir et un sourire timide, elle osa regarder à nouveau Sofia, et dans ses yeux se reflétait ce mélange de peur et de désir, comme s'elle admettait à ce moment précis, sans mots, que quelque chose en elle aspirait aussi à cette connexion.

Sophie sentit le changement et, gardant un ton chaud, dit doucement :

"Marina, je pense que parfois... Les meilleurs moments sont ceux que l'on ne prévoit pas.

Ce commentaire, dit avec une tendresse que je n'avais pas l'intention d'envahir, a fait sourire Marina à nouveau, se sentant de plus en plus à l'aise avec l'idée que ce soir pourrait être quelque chose de spécial, quelque chose qui sortait de sa planification rigide et qui, d'une certaine manière, la rendait plus vivante.

La conversation s'est estompée, laissant place à un moment de silence pendant lequel les deux femmes se sont regardées, conscientes que quelque chose changeait dans l'air autour d'elles. Les mots n'étaient plus nécessaires ; À ce moment-là, les regards suffisaient à tout dis-le.

Marina et Sofia se sont regardées et, bien que le temps ait semblé s'arrêter, leurs regards étaient comme un dialogue secret, plein d'émotions, de questions et de désirs inexprimés. C'était une connexion qui allait au-delà du rationnel, une attraction qui s'était construite sur des détails subtils et des confidences partagées. Ils ressentaient tous les deux le poids de ce silence, et chaque seconde que leurs yeux rencontraient semblait ajouter une nouvelle couche de sens à la nuit.

Les yeux de Marina reflétaient un mélange d'intrigue et de prudence, comme si elle était encore en train de décider si elle devait ouvrir ou continuer ses réserves. Au fond de moi, je savais que Sofia représentait une sorte de porte vers quelque chose d'inconnu, un chemin qui lui offrait la possibilité de vivre quelque chose de plus authentique, mais aussi de plus vulnérable. Sofia, avec un léger sourire qui reflétait à la fois la sécurité et la tendresse, semblait lui dire sans mots qu'elle était prête à attendre, à aller à son rythme, mais qu'en même temps, elle l'invitait à faire un pas vers cette connexion qui se développait entre eux.

Finalement, Sofia, percevant l'ouverture dans le regard de Marina, décida de prendre l'initiative. D'un mouvement doux et naturel, elle se pencha légèrement vers elle, réduisant la distance qui les séparait, et, à voix basse, fit un commentaire plein d'intimité.

"Vous savez... Parfois, je pense que nous devenons trop compliqués à chercher des réponses alors qu'au fond, ce que nous ressentons dit tout, vous ne trouvez pas ? murmura-t-elle, d'une voix basse et chaude, comme un murmure caressant l'air entre eux.

Les mots de Sofia avaient une touche de douce provocation, une invitation à lâcher prise et à faire confiance à cette impulsion qu'ils ressentaient tous les deux mais qu'ils n'avaient pas encore pleinement explorée. Le commentaire a semblé résonner à l'intérieur de Marina, touchant à quelque chose qu'elle avait gardé caché jusqu'à présent. D'une manière ou d'une autre, Sofia avait exprimé ce qu'elles savaient toutes les deux, cette attirance qui n'avait besoin d'aucune explication ou justification.

Marina, surprise par la proximité et le ton intime des paroles de Sofia, ressentit un léger tremblement en elle. Elle n'était pas habituée à ce que quelqu'un lui parle de cette façon, quelqu'un qui franchisse ces barrières invisibles qu'elle avait si soigneusement construites. Et pourtant, à ce moment précis, elle a ressenti l'impulsion de répondre à cette invitation, de lâcher, ne serait-ce qu'un instant, son besoin de contrôle.

Avec un soupir à peine perceptible, ses yeux s'adoucirent, révélant une vulnérabilité et un désir qu'elle montrait rarement. Ce moment, si bref mais si intense, a marqué un point de non-retour dans leur relation. Elle y avait quelque chose dans cette proximité, dans le murmure de Sofia et dans la connexion de leurs regards, qui faisait que Marina se sentait vivante d'une manière qu'elle ne se souvenait pas avoir ressentie depuis longtemps.

Sofia, voyant la réaction de Marina, garda son doux sourire et, sans bouger, continua à retenir son regard. Elle y avait dans ses yeux une promesse, une invitation à découvrir ensemble quelque chose qu'ils ne pouvaient pas encore définir mais qu'ils ressentaient tous les deux.

Le silence entre Marina et Sofia, au lieu d'être inconfortable, est devenu une pause pleine de sens, un espace où elles pouvaient toutes deux faire face à leurs propres pensées et émotions sans être distraites par les mots. Pour Marina, ce silence était un refuge momentané, un répit nécessaire pour traiter ce qu'elle vivait. L'attirance qu'elle ressentait pour Sofia était si réelle, si tangible, qu'elle était parfois troublante, comme si quelque chose en elle se réveillait et échappait à son contrôle.

Pour quelqu'un comme Marina, dont la vie avait été construite sur la sécurité et le contrôle, cette attraction était un mélange d'excitation et de perturbation. Elle ressentait le désir de se rapprocher de Sofia, de permettre à cette connexion de s'épanouir, mais elle ressentait aussi un besoin tout aussi fort de se protéger, de rester en dehors de cela pour éviter toute douleur possible. La proximité émotionnelle que Sofia a éveillée en elle était si forte qu'au fond d'elle-même, elle l'a effrayée. Elle avait passé tellement de temps à construire un mur autour de lui que maintenant, lorsqu'elle se trouvait en face de quelqu'un qui pouvait voir au-delà de cette barrière, elle était à la croisée des chemins.

Marina commença à se poser des questions. D'une part, elle savait que la vie qu'elle s'était créée était stable, confortable, et que s'ouvrir à quelqu'un comme Sofia impliquait de prendre un risque qu'elle ne s'était jamais permis. Mais d'un autre côté, quelque chose en elle la poussait à lâcher prise, à croire que peut-être cette connexion pourrait être quelque chose d'authentique, quelque chose qui en vaille la peine. La voix de la prudence l'avertit qu'elle valait mieux garder ses distances, mais une partie d'elle-même, cette partie qui aspirait à vivre plus pleinement la vie, lui murmurait que, parfois, elle fallait laisser les émotions faire tomber les barrières.

Les yeux baissés et le cœur battant, Marina s'est autorisée un instant à imaginer ce que ce serait d'arrêter de résister. Elle a pensé à la possibilité de s'impliquer vraiment avec quelqu'un, de montrer son côté le plus vulnérable, et bien que l'idée l'ait remplie d'insécurité, elle a aussi éveillé en elle un sentiment de liberté qui lui était inconnu. Quand elle leva les yeux, ses yeux rencontrèrent à nouveau ceux de Sofia, et dans ce regard, elle percevait un calme et une curiosité qui la désarmaient encore plus.

Pour Sofia, en revanche, le silence était un moment de découverte. Elle ressentait une véritable attirance pour Marina, mais ce n'était pas seulement une attraction superficielle ; C'est le mélange de mystère et de profondeur qu'elle percevait en elle qui suscitait son intérêt. Marina était une femme complexe, et bien qu'elle ait senti qu'elle ne serait pas facile de la connaître complètement, cela l'a rendue encore plus fascinante. Sofia n'était pas à la recherche d'une relation superficielle, et l'intensité de

Marina était comme une invitation à quelque chose de plus authentique, quelque chose qui valait la peine d'être exploré.

Sofia a commencé à réfléchir à ce que ce serait de s'engager dans une relation avec quelqu'un comme Marina, quelqu'un qui lui offrait à la fois le défi de rencontrer une personne privée et l'opportunité de découvrir de nouvelles facettes d'elle-même. Tout au long de sa vie, elle a cherché des expériences et des personnes qui lui permettraient de grandir, et elle a eu le pressentiment qu'avec Marina, elle pourrait vivre une connexion profonde qui lui permettrait d'apprendre à se connaître d'une manière différente.

En regardant Marina, elle saisit dans ses gestes et dans son regard une vulnérabilité qui lui semblait belle. Elle savait que la femme en face d'elle se débattait intérieurement et, au lieu de la repousser, cela la rapprochait. Sofia a compris la valeur de la patience et était prête à y aller lentement, pour permettre à Marina de se sentir en sécurité en sa compagnie. Dans son esprit, elle a commencé à imaginer ce que ce serait de découvrir chaque couche de cette complexité, chaque émotion cachée et chaque désir inexprimé.

Les deux femmes, immergées dans leurs pensées et leurs désirs, ont compris à ce moment-là qu'elles étaient à un point crucial. Marina, même avec ses réserves, a décidé de laisser ce lien continuer à grandir, même s'elle était difficile pour elle de se débarrasser de la peur et de la prudence. Sofia, pour sa part, a senti qu'elle était confrontée à une opportunité unique, une relation qui pourrait changer sa vie d'une manière qu'elle ne comprenait pas encore.

Lorsqu'ils se rencontrèrent à nouveau dans un regard mutuel, le silence fut rompu, mais pas de la manière habituelle. C'était comme si les deux hommes étaient parvenus à un accord tacite, une promesse tacite de continuer à explorer cette connexion et de se laisser emporter, pas à pas, vers quelque chose de plus profond et de plus réel.

Lorsque le serveur apporta l'addition et posa doucement le reçu sur la table, Marina et Sofia sentirent que la soirée touchait à sa fin. Mais cet adieu n'était pas ressenti comme une conclusion, mais plutôt comme le prélude à quelque chose de nouveau, un début qu'ils avaient tous les deux pressenti et qu'ils n'osaient pourtant pas verbaliser. Elle y avait une connexion tangible dans l'air, quelque chose qui s'était manifesté au cours du dîner et qui les liait maintenant tranquillement.

Sofia, fidèle à son caractère spontané, a été la première à rompre le moment de contemplation. Elle se pencha vers Marina avec un sourire tranquille, comme si cette nuit-là lui avait donné la certitude qu'elle était au bon endroit au bon moment.

« Merci pour ce soir, Marina. » Cela a été... « Spécial », a-t-elle dit, choisissant le mot avec une honnêteté qui a résonné dans l'air.

Marina, d'habitude si prudente, s'autorisa à sourire sincèrement. Ce mot, « spécial », semblait insuffisant pour décrire ce qu'elle avait ressenti, mais elle n'avait pas besoin d'ajouter quoi que ce soit non plus. Le regard de Sofia reflétait tout ce qu'elle avait également vécu.

« C'est ce que je ressens aussi, Sofia. Merci de m'avoir invité. Sa voix était douce, et elle y avait un mélange d'intrigue et d'ouverture dans ses yeux que peu de gens voyaient en elle.

Ils se levèrent tous les deux de table et marchèrent ensemble jusqu'à la sortie du restaurant, où une brise fraîche les enveloppa en partant. Là, sur le trottoir, ils se sont arrêtés et se sont regardés, comme s'ils mesuraient les possibilités de ce moment. Elle y avait quelque chose dans l'air, une promesse tacite, une attente que cette nuit ne serait pas la dernière. L'adieu à ce moment-là est devenu quelque chose qui est allé au-delà d'un simple au revoir.

Sans avoir besoin de dire grand-chose, ils se regardèrent tous les deux, et dans ce dernier échange, leurs yeux parlèrent de choses qu'ils n'avaient pas osé exprimer avec des mots. Marina, qui avait gardé ses distances émotionnelles jusque-là, a vécu un étrange mélange d'intrigue et d'ouverture. Pour la première fois depuis longtemps, elle a senti qu'elle pouvait se permettre d'explorer quelque chose de nouveau, quelque chose qui échappait à son contrôle mais qui, au lieu de l'effrayer, la remplissait de curiosité.

Sofia, toujours sûre et confiante, a perçu en Marina quelqu'un qui valait la peine d'être approfondi. Elle avait trouvé en elle une personne qui avait suscité une étincelle d'intérêt et de connexion en lui, quelque chose qu'elle n'avait pas ressenti dans d'autres relations. Et même si elles savaient toutes les deux qu'elle y avait encore un long chemin à parcourir, Sofia était prête à découvrir toutes les facettes de cette femme complexe et réservée.

Le silence entre eux en disait beaucoup plus que ce que l'un ou l'autre aurait pu exprimer à haute voix. Ils n'avaient pas besoin de dire au revoir avec des phrases formelles ou des promesses explicites ; Ses gestes et ses regards ont suffi à sceller un engagement tacite à se revoir.

Sofia, avec son charme naturel et ce regard qui semblait lire au-delà des mots, a tendu la main à Marina, mais pas de manière formelle. C'était un geste chaleureux et doux, un toucher qui transmettait à la fois sécurité et tendresse.

« À bientôt, Marina », a-t-elle dit, sans en rajouter, comme si cette simple phrase suffisait.

Marina a pris la main de Sofia, et dans ce geste, elle a ressenti un mélange d'émotion et de sérénité, comme si, pour la première fois, elle acceptait la possibilité d'un changement dans sa vie. Elle a souri, un sourire qui contenait à la fois de la gratitude et des attentes.

« À bientôt, Sofia », répondit-elle avec une douceur dans la voix qui la surprit elle-même.

Ils se sont tous les deux dit au revoir sans se quitter des yeux, et quand ils ont finalement lâché les mains de l'autre, ils ont senti que cet adieu n'était que le premier pas vers quelque chose de plus profond. Alors que chacun prenait un cours différent dans la nuit, ils emportaient tous deux avec eux un sentiment de promesse et de possibilité, la certitude que cette connexion les avait changés d'une manière ou d'une autre.

Alors que Marina rentrait chez elle, elle sentit la brise nocturne lui rappeler ce dîner, ces moments partagés et les émotions qu'elle avait vécues. Elle y avait quelque chose dans l'air qui lui disait qu'elle reverrait Sofia, et que cette connexion pourrait l'emmener dans un endroit que, jusqu'à ce moment-là, elle n'avait pas autorisé dans sa vie.

Sofia, quant à elle, marchait avec un sourire calme, sûre d'avoir trouvé quelque chose de spécial ce soir-là. Elle savait que cette relation pouvait changer leur vie de manière inattendue, et elle était prête à laisser le temps et le destin lui montrer la voie.

EMBRASSER LE CHAOS

Par une journée ensoleillée de printemps, Marina et Sofia se sont rencontrées dans un jardin tranquille, une sorte d'oasis urbaine à mi-chemin entre leurs emplois respectifs. Ils ont convenu qu'un déjeuner en plein air serait une belle façon de se détendre et de profiter du beau temps dans un cadre décontracté. Pour tous les deux, c'était une nouveauté de partager un moment en dehors des formalités du dîner ou de l'intimité d'un espace clos, et la fraîcheur du jardin semblait également alléger l'atmosphère entre eux.

Sofia, fidèle à elle-même, est arrivée quelques minutes plus tôt et a choisi une table sous un arbre feuillu qui lui fournissait une ombre rafraîchissante. Elle était habillée de manière décontractée et légère, reflétant son esprit insouciant. En attendant, elle observait les gens autour de lui, souriant naturellement à ceux qui passaient. Pour elle, chaque lieu était un espace plein de possibilités, et cette même attitude insouciante lui permettait de vivre sans attaches, ouverte à tout ce que le moment avait à offrir.

Quand elle vit Marina s'approcher, Sofia se leva et la salua avec un large sourire, notant avec plaisir l'élégante formalité de son compagnon. Marina portait un chemisier impeccable et un pantalon bien repassé, ses cheveux attachés en chignon bas, et son visage était un mélange d'attente et de légère nervosité. Bien que le jardin et l'heure du déjeuner dans un parc n'aient pas été ce à quoi Marina était habituée, quelque chose dans la spontanéité de Sofia était intrigant, presque contagieux.

« Je dois te féliciter pour ta ponctualité », a plaisanté Sofia lorsqu'elle l'a vue arriver. Je ne savais pas si « être à l'extérieur » vous ferait changer d'avis à la dernière minute.

Marina sourit, reconnaissante de la blague, mais aussi avec un soupçon d'insécurité. Ce genre de déjeuners en plein air ne faisait pas partie de sa routine, mais elle était déterminée à essayer quelque chose de nouveau et à s'accorder une certaine flexibilité.

« C'est une agréable surprise, je dois l'admettre », a-t-elle répondu en regardant autour de lui. Je n'ai pas l'habitude de déjeuner à l'extérieur, mais... Ce n'est pas tous les jours que je reçois une invitation aussi spontanée.

Sofia rit doucement et l'invita à s'asseoir. Pour elle, chaque expérience était une occasion de découvrir quelque chose de nouveau, et elle a noté avec une certaine fierté que Marina, malgré sa prudence, était ouverte à l'idée d'explorer un petit changement dans sa journée. En regardant Marina s'installer dans le fauteuil, elle se rendit compte que le contraste entre leurs personnalités était l'une des choses qui l'attiraient le plus chez elle.

Marina, habituée à la précision et à la routine, ne se sentait pas à sa place dans ce jardin ouvert. Elle y avait quelque chose d'encombré dans l'environnement qui se heurtait à son besoin de structure, des tables en bois légèrement usées au parfum des arbres et des fleurs sauvages. Cependant, elle a également senti que le fait d'être avec Sofia l'invitait à sortir de sa zone de confort, à regarder le monde avec une perspective plus ouverte.

Elle regarda Sofia, qui feuilletait nonchalamment le menu sans ordre précis, tournant les pages et commentant avec enthousiasme chaque plat qui attirait son attention.

« Ça te dérange si nous commandons chacun quelque chose de différent et essayons un peu de tout ? » Demanda Sofia, levant les yeux et rencontrant le regard prudent de Marina.

Marina hésita un instant ; Elle avait l'habitude d'être plus structurée dans ses choix alimentaires, mais elle a hoché la tête, sentant que c'était l'occasion de vivre quelque chose de nouveau. Bien que cette approche ne soit pas la sienne, elle aimait voir la façon dont Sofia se comportait librement, même dans les petites décisions.

« Eh bien, je pense que je peux faire une exception aujourd'hui », a-t-elle dit, souriant avec un mélange de nervosité et de curiosité. Si vous avez des recommandations, je fais confiance à votre jugement.

La réponse de Marina fit sourire Sofia en connaissance de cause, heureuse de la voir abandonner un peu de contrôle. Pour elle, le monde était plein de petites surprises, et elle y avait quelque chose d'excitant à montrer à Marina qu'elle pouvait se détendre et s'amuser sans avoir besoin de planifier chaque détail.

Alors qu'elles partageaient des anecdotes et attendaient leur repas, Marina a commencé à observer Sofia de plus près. J'ai admiré son authenticité, la façon dont elle semblait aborder chaque aspect de sa vie avec cette confiance détendue. Pour Sofia, le risque n'était pas quelque chose qu'elle évitait, mais semblait l'attirer, comme si sa vie était construite autour de l'idée que chaque expérience, bonne ou mauvaise, apportait avec elle un apprentissage précieux. Marina s'est rendu compte qu'au fond d'elle-même, elle ressentait une certaine envie de cette capacité à vivre dans le présent, à jouir sans trop se soucier des conséquences.

« Vous avez une façon de voir la vie qui fonctionne pour moi... » rafraîchissant », commenta Marina, choisissant ses mots avec soin. Je ne sais pas si je pourrais être aussi spontanée que vous, mais j'aimerais me laisser aller un peu plus.

Sofia saisit le ton sincère de Marina et lui rendit un sourire d'encouragement.

132

« Eh bien, on dit que les extrêmes se complètent », a répondu Sofia, amusée. Peut-être que je pourrais apprendre à être un peu plus organisé grâce à vous. J'ai toujours pensé que, d'une certaine manière, la réussite est une question d'équilibre... Et je pense que les gens ont aussi besoin de cet équilibre. Ce qui vous donne la sécurité, pour moi, est quelque chose que j'ignore habituellement, et ce que j'aime, vous le regardez avec un mélange de curiosité et de prudence. Je pense que nous pourrions apprendre les uns des autres.

Marina hocha la tête, sentant qu'elle y avait quelque chose de vrai dans les paroles de Sofia. Bien que leurs personnalités soient opposées, cette différence semblait former un équilibre qui, au lieu de les séparer, les rassemblait. Tranquillement, ils ont tous deux commencé à percevoir que ces différences étaient un complément nécessaire, un mélange de stabilité et d'aventure qui les attirait et les défiait.

Alors qu'ils déjeunaient, le soleil brillait à travers les feuilles des arbres et l'air était rempli du murmure des autres convives et du gazouillis occasionnel des oiseaux. Le contraste entre la structure de Marina et la nonchalance de Sofia s'estompe et, à sa place, une nouvelle complicité émerge, une acceptation de ce que chacun peut offrir à l'autre.

Grâce à cette conversation dans le jardin, Marina et Sofia ont réalisé que leurs différences étaient non seulement intéressantes, mais aussi inspirantes. Et dans cette prise de conscience, ils ont senti leur connexion s'approfondir, comme si chacun était prêt à ouvrir une porte sur le monde de l'autre, découvrant dans l'amitié et l'attraction un équilibre qui commençait à prendre forme.

Alors qu'elles déjeunaient sous le soleil et la douce brise du jardin, la conversation entre Marina et Sofia a commencé à s'approfondir de manière inattendue. Après avoir discuté des nuances du déjeuner et partagé quelques anecdotes amusantes sur ses œuvres, Sofia a orienté la conversation vers un sujet plus introspectif, un sujet qui, au fond, semblait avoir attendu le bon moment pour être mis en lumière.

« Tu sais, Marina », dit Sofia, se penchant légèrement vers elle avec une expression pensive, « parfois j'ai l'impression que le concept de richesse est si limité. La plupart des gens pensent à la réussite financière, à l'atteinte d'objectifs de carrière et à la stabilité financière, mais pour moi, la vraie richesse est quelque chose qui va au-delà de tout cela.

Marina la regarda curieusement, intéressée à découvrir où allait le reflet de Sofia. Pour elle, la stabilité et le contrôle avaient été ses piliers ; Son succès et sa vie structurée étaient sa sécurité, son refuge. Mais elle y avait quelque chose dans le ton de Sofia qui la poussait à écouter avec une attention particulière.

« Et qu'est-ce que cela signifie pour vous ? » Demanda Marina, sincèrement intriguée.

Sofia sourit, remarquant l'ouverture dans le regard de Marina, et continua :

Pour moi, la richesse, c'est dans la capacité à se connecter aux autres, à vivre des expériences qui vous transforment, à vous permettre d'être vulnérable. Je crois que les moments de vraie connexion, ceux dans lesquels nous nous montrons tels que nous sommes, sont une forme d'abondance qui ne s'achète pas. Est... Embrassez le chaos, laissez-vous emporter par l'inattendu et soyez prêt à accepter que nous ne pouvons pas tout contrôler.

L'idée a trouvé un écho chez Marina d'une manière à laquelle elle ne s'attendait pas. Dans sa vie, chaque décision et chaque étape avaient été soigneusement calculées pour éviter le chaos, et la vulnérabilité était un concept qu'elle avait pratiquement banni de son existence. L'idée même de s'ouvrir émotionnellement, de risquer de ressentir quelque chose de plus profond, la remplissait d'un mélange de curiosité et de perplexité. Malgré tout, les paroles de Sofia avaient un poids, une vérité qui commençait à l'imprégner.

« C'est intéressant... parce que pour moi, la structure et le contrôle ont été mes alliés toute ma vie », a admis Marina en regardant le doux mouvement des feuilles sur les arbres. J'ai travaillé si dur pour construire une vie qui me donne sécurité et stabilité. Mais, en vous écoutant maintenant, je me demande si, en me protégeant autant, je ne me suis pas aussi fermé à certaines expériences qui auraient pu être enrichissantes.

Sofia hocha la tête d'un air compréhensif, sans la juger, laissant Marina prendre le temps d'exprimer ses pensées.

« Ce n'est pas facile de lâcher le contrôle », a poursuivi Marina. La stabilité me donne une sorte de paix... Mais, dernièrement, j'ai commencé à me demander si je vivais vraiment ou si je ne faisais que survivre dans ma zone de confort. Et la vérité, c'est qu'avec vous, je ressens une sorte de... l'impulsion de m'ouvrir à quelque chose de nouveau.

Sofia la regarda avec un mélange de douceur et d'admiration. Elle savait que ces mots n'étaient pas faciles pour Marina, que reconnaître sa propre vulnérabilité et remettre en question ses habitudes était une étape importante. Pour elle, entendre Marina exprimer ces pensées était un signe de courage, un signe qu'elle était vraiment prête à explorer un côté d'elle-même qu'elle avait gardé sous clé jusqu'à présent.

« La richesse émotionnelle est dans ces moments-là, Marina », a dit Sofia doucement. De vous permettre d'être imparfait, d'arrêter d'essayer de tout contrôler, et d'apprendre à faire confiance, non seulement aux autres, mais à vous-même. Je pense que parfois, prendre des risques émotionnels est ce qui nous fait vraiment nous sentir vivants.

Les paroles de Sofia ont éveillé chez Marina un mélange de nostalgie et de peur. Je savais qu'au fond de moi, j'avais toujours eu un désir refoulé de vivre quelque chose d'authentique, de lâcher prise sur la structure et d'expérimenter, même si ce n'était que pour un instant. Et maintenant, devant Sofia, elle sentait qu'elle pouvait peut-être essayer, qu'elle était peut-être temps de prendre un risque, même si ce n'était qu'un peu.

Au fur et à mesure que le dialogue progressait, Marina a commencé à ressentir une légèreté qu'elle ne se souvenait pas avoir ressentie depuis longtemps. Au lieu d'analyser chaque mot qu'elle disait, elle s'autorisait à parler plus naturellement, à sourire avec moins de réserve et même à rire ouvertement par moments. Cette petite ouverture l'a fait se sentir, d'une certaine manière, plus libre, et Sofia, avec sa chaleur et son authenticité, est apparue comme un guide qui l'a accompagnée dans cette nouvelle expérience.

« C'est étrange, parce que j'ai toujours pensé qu'être vulnérable me ferait me sentir faible », avoua Marina en la regardant sincèrement. Mais avec vous, j'ai l'impression que c'est... une sorte de forteresse. Comme si se montrer pouvait vraiment être quelque chose de libérateur.

Sofia lui adressa un sourire entendu, comprenant parfaitement ce qu'elle voulait dire. Pour elle, la vulnérabilité n'était que cela : un acte de courage, une façon de se montrer au monde sans peur, en acceptant à la fois ses forces et ses faiblesses.

« Être vulnérable n'est pas une faiblesse, Marina. Au contraire, c'est l'acte le plus courageux qui existe", a-t-elle déclaré en prenant doucement sa main sur la table. Et même si vous n'êtes pas encore tout à fait prêt à embrasser le chaos comme je le suis, je suis heureux de voir que vous êtes prêt à faire de petits pas.

Marina regarda ses mains jointes et sentit une chaleur qui emplissait sa poitrine. C'était un geste simple, mais significatif, une sorte de confirmation qu'elle s'engageait dans quelque chose de nouveau et qu'elle n'était pas seule dans le processus. Sofia lui a offert une main, un guide et, surtout, une amitié sincère qui lui a permis d'être elle-même, avec toutes ses insécurités et ses peurs.

La conversation avait ouvert une porte qui était restée fermée jusque-là, et les deux femmes le savaient. Cette conversation dans le jardin avait été plus qu'un échange de mots ; C'était une invitation à explorer ensemble une richesse émotionnelle qu'ils commençaient à découvrir.

Au fur et à mesure que le déjeuner se poursuivait, la conversation entre Marina et Sofia a commencé à prendre un ton plus personnel, un niveau d'intimité qu'elles savaient toutes les deux ne pas se produire tous les jours. L'environnement détendu du jardin, avec le gazouillis des oiseaux et les douces brises à travers les arbres, semblait créer le cadre idéal pour qu'ils se sentent tous les deux à l'aise de laisser tomber leurs défenses, se permettant de partager des histoires et des souvenirs qu'ils confiaient rarement à quelqu'un d'autre.

Marina, d'habitude réservée, a ressenti le besoin de s'ouvrir et a avoué à Sofia quelque chose qu'elle a rarement admis. En regardant le bord de sa tasse de café, elle commença à parler doucement, comme s'elle doutait encore de devoir laisser échapper ces mots.

« Parfois, je me rends compte que tout le contrôle que j'essaie d'exercer sur ma vie... « Elle vient d'un lieu de peur », a-t-elle admis, surprise même de l'avoir dit à haute voix. J'ai peur de me perdre, de ne pas être préparée à l'imprévu. Je suppose que tout garder en ordre est ma façon de me protéger.

Sofia écoutait attentivement, son expression douce et empathique. Pour elle, voir Marina montrer ses peurs cachées, celles qui étaient normalement refoulées derrière sa façade contrôlée, était quelque chose de profondément humain et beau. Sans se presser, Sofia lui a permis de parler, sans juger ni l'interrompre, et quand Marina s'est tue, elle lui a pris la main dans un geste de compréhension.

« Je comprends ce que tu veux dire », dit Sofia en regardant ses mains se serrer. Je suppose que j'ai aussi mes propres barrières, bien qu'au lieu de tout structurer, je les construis indépendamment. J'ai toujours été libre et autonome, mais parfois... Cette liberté me laisse tranquille. Elle y a des moments où j'ai l'impression que l'indépendance m'a éloigné de liens profonds. Sa voix est devenue plus douce, un ton qui reflétait une vulnérabilité qu'elle montrait rarement.

Ils se regardèrent tous les deux en silence, reconnaissant dans les paroles de l'autre une partie qui existait aussi en eux-mêmes. L'honnêteté de chaque confession les rapprochait d'une manière indescriptible, et à ce moment-là, la complicité entre eux cessait d'être seulement mentale ; C'est devenu quelque chose d'émotionnel, un lien qui a commencé à se former du plus profond de leur être.

Chaque mot échangé, chaque petit détail avoué, était comme un morceau d'une barrière qui commençait lentement à s'effriter. Marina, qui se protégeait normalement derrière un mur de professionnalisme et de réserve, se sentait libre de s'exprimer sans crainte d'être jugée. Sofia, à son tour, s'est rendu compte que, bien qu'elle ait toujours apprécié sa liberté, elle cherchait maintenant quelque chose de plus, une connexion qui lui permettrait d'être complètement elle-même, avec ses lumières et ses ombres.

La conversation coulait comme une rivière calme, et au fur et à mesure qu'ils progressaient, ils remarquaient tous les deux que leur relation prenait une profondeur inattendue. Le déjeuner n'était plus une simple rencontre fortuite ; C'était devenu une sorte de confessionnal en plein air, où ils s'autorisaient tous les deux à être authentiques, en montrant ces parties d'eux-mêmes qu'ils avaient l'habitude de cacher au monde.

Au fur et à mesure que la conversation se poursuivait, de petits gestes de proximité ont émergé qui ont encore renforcé ce lien. Dans un moment de rire partagé, Sofia, emportée par la spontanéité, a légèrement touché le bras de Marina, un geste qui aurait pu sembler anodin, mais qui, dans le contexte de cette conversation, était comme un signe de confiance. Marina, loin de se retirer, rendit le geste avec un sourire sincère, laissant sa main reposer quelques secondes de plus que d'habitude dans celle de Sofia.

Ils ont tous les deux remarqué cette petite intimité physique et, au lieu d'être inconfortables, ils ont senti que ces gestes subtils parlaient plus fort que les mots ne pouvaient l'exprimer. Le frottement de leurs mains, les sourires partagés, les regards prolongés ; Chaque détail renforçait la proximité entre eux, créant un environnement dans lequel ils se sentaient de plus en plus confiants pour se montrer tels qu'ils étaient.

À un moment donné, alors que Sofia parlait passionnément de l'un de ses voyages, Marina, sans trop réfléchir, a pris sa main et en a caressé le dos avec son pouce, un geste qui exprimait la gratitude et l'admiration croissante. C'était un toucher doux, presque imperceptible, mais suffisant pour qu'ils ressentent tous les deux l'électricité de ce contact. Sofia s'arrêta un instant, surprise et émue par le geste, et ses yeux rencontrèrent ceux de Marina dans un échange profond et plein de sens.

À ce moment-là, ils ont tous les deux compris que ce rendez-vous dans le jardin n'était pas seulement une conversation ou une rencontre fortuite. C'était le début de quelque chose de plus, une connexion qui transcendait les mots et se manifestait dans chaque geste, dans chaque contact et dans chaque regard partagé.

La conversation dans le jardin avait été si enveloppante qu'aucun d'eux ne remarqua combien le ciel se teintait d'orange et de rose, ni comment le murmure des autres avait peu à peu disparu. L'après-midi, chaude et agréable, commençait à laisser place à une nuit fraîche, et la ville, avec ses lumières scintillantes et le parfum de l'air nocturne, semblait enveloppée d'une atmosphère intime, parfaite pour prolonger ce moment qu'ils savaient tous les deux qu'ils ne voulaient pas terminer.

Sofia regarda la douceur de la lumière de l'après-midi se refléter sur le visage de Marina, la baignant d'une teinte dorée qui lui donnait un air de paix et de mystère. Sans trop réfléchir, elle a commenté avec désinvolture :

« Tu sais ? » J'adorerais voir ton appartement un jour, si cela ne te semble pas être une intrusion. Je veux voir l'endroit où tu vis, je suis sûr qu'elle a autant de toi que ta façon d'être.

Marina la regarda, un peu surprise, mais aussi intriguée. Sa maison a toujours été son refuge, un espace privé où elle s'autorisait à être elle-même sans les masques qu'elle devait souvent porter dans le monde extérieur. Mais à ce moment-là, sentant la proximité et la connexion qu'ils avaient partagées pendant la journée, elle s'est surprise à hocher la tête avec un léger sourire.

"Eh bien, nous pourrions y aller maintenant... si vous en avez envie. Elle est trop tard, et nous ne sommes pas loin.

Elle sentit une légère rougeur sur ses joues à la spontanéité de son invitation, mais quand elle vit le sourire de Sofia, la chaleur de sa décision se transforma en émotion. Ils se levèrent tous les deux et commencèrent à marcher vers l'appartement de Marina, une promenade tranquille, presque magique, dans la lumière matinale de la nuit.

Les rues, éclairées par la lumière chaude des lampadaires, semblaient prendre un charme particulier à cette heure-là. La ville, qui n'était plus dans l'agitation de la journée, s'était transformée en un labyrinthe d'ombres douces et de lumières tamisées qui projetaient une atmosphère de sérénité et de confiance. Ils marchaient côte à côte, en silence, profitant de la tranquillité de la nuit et de la compagnie de l'autre. Les rues étroites qu'ils traversaient étaient bordées de vieux bâtiments, avec des balcons pleins de plantes en cascade, comme si les rues elles-mêmes gardaient des secrets.

Les mots entre les deux devinrent inutiles ; Chaque pas sur le trottoir, chaque échange de regards reflétait une complicité qui allait au-delà des conversations qu'ils avaient eues. C'était comme si la nuit elle-même comprenait qu'ils étaient à la veille d'un moment spécial, et le silence entre eux parlait d'une connexion et d'une intimité en train de s'épanouir. Sofia remarqua comment les reflets des lampadaires caressaient les traits de Marina et, dans l'environnement environnant, elle sentit que quelque chose d'important était sur le point de se produire.

Enfin, ils sont arrivés au bâtiment de la Marina, une élégante construction de style classique avec une façade en pierre vieillie et un portail en bois sculpté, qui les a accueillis avec une touche de nostalgie. Le portail, large et décoré de détails en fer forgé, avait un air majestueux, comme si chaque visiteur était invité à s'arrêter un instant et à apprécier l'histoire que ces murs contenaient.

Marina sortit les clés et, d'un geste doux, ouvrit la porte, la tenant pour que Sofia passe la première. Ils sont entrés dans le hall de l'immeuble, un espace confortable décoré de carreaux anciens qui donnaient à l'endroit une atmosphère chaleureuse et intemporelle. Les murs, peints dans des tons doux, reflétaient la lumière d'une lampe suspendue qui projetait une lueur tamisée et invitante. Sofia, en admirant les détails du lieu, a estimé que le bâtiment était une extension de Marina, un espace serein et ordonné avec une élégance subtile qui invitait au calme.

Marina la conduisit dans l'escalier, qui montait en spirale, entouré d'une balustrade en fer forgé ornée de détails en forme de feuilles. Chaque pas résonnait d'un doux écho, et Sofia, grimpant à ses côtés, sentait combien l'attente grandissait à chaque pas. Elle y avait quelque chose d'intime et de spécial dans le chemin qu'ils partageaient à ce moment-là. Un voyage court mais plein de symbolisme, comme si, à chaque pas, ils avançaient vers un espace qui les rapprocherait encore plus.

Finalement, ils arrivèrent à la porte de l'appartement de Marina. Avec un sourire discret, Marina tourna la clé dans la serrure et ouvrit la porte, invitant Sofia à entrer. Lorsqu'elle a allumé les lumières du salon, l'atmosphère a immédiatement changé, se transformant en un espace d'intimité et de chaleur qui semblait les attendre depuis qu'ils avaient quitté le jardin.

L'appartement de Marina était tout ce que Sofia avait imaginé : un espace élégant et minimaliste, où chaque détail était soigneusement choisi et où chaque recoin semblait avoir une raison d'être. Les murs ont été peints dans des tons doux, et le mobilier aux lignes épurées reflétait une esthétique sobre et harmonieuse. Le salon, éclairé d'une lumière chaleureuse, invitait à la sérénité, avec un canapé confortable, un lampadaire et une table basse ornée de livres d'art et de culture.

Sur les murs étaient accrochées des œuvres d'art soigneusement sélectionnées, des pièces petites mais frappantes qui ajoutaient une touche de couleur à l'espace, reflétant le goût impeccable de Marina et son amour pour l'art. Sofia observa l'appartement avec curiosité, admirant l'équilibre et le calme qu'elle transmettait. Tout dans le lieu semblait être en place, chaque objet avait un but et une signification, et Sofia avait l'impression de voir une partie de Marina qu'elle montrait rarement au monde.

"C'est... magnifique, Marina", dit Sofia à voix basse, balayant l'espace avec ses yeux. Elle y règne une paix qui se ressent dans tous les coins.

Marina sourit, se sentant un peu vulnérable et en même temps reconnaissante de la réaction de Sofia. Pour elle, ouvrir les portes de sa maison était un geste de confiance, une invitation à la connaître à un niveau plus profond, et quand elle a vu l'expression de Sofia, elle a su qu'elle avait fait ce qu'elle fallait.

« C'est mon refuge », a répondu Marina en regardant autour d'elle. C'est là que je peux être moi-même, où je trouve la paix que je ne trouve parfois pas à l'extérieur.

Sofia hocha la tête, comprenant la valeur de ces mots, et s'approcha de Marina pour contempler l'espace à côté d'elle. Ensemble, ils ont partagé un moment de silence et d'admiration, sentant que, dans cet appartement, entourés d'objets et de souvenirs qui faisaient partie de la vie de Marina, ils commençaient à construire un moment spécial, un moment qui marquerait un avant et un après dans leur relation.

Silencieusement, Marina conduisit Sofia vers la grande fenêtre qui dominait le salon. De là, la vue était à couper le souffle : un panorama de la ville s'étendant à perte de vue, avec ses lumières qui brillaient dans l'obscurité et les bâtiments qui se détachaient en silhouettes. Ils se tenaient tous les deux près de la fenêtre, regardant le paysage urbain qui semblait être calme à cette heure de la nuit.

La vue était quelque peu hypnotique, et dans ce silence partagé, Marina et Sofia se sentaient plus connectées que jamais. Les lumières de la ville, l'immensité de l'horizon et le calme de la nuit créaient un espace de paix et de complicité entre eux, comme si, à ce moment précis, ils étaient les deux seules personnes au monde.

« Tu sais ? » Dit Sofia doucement, sans quitter la ville des yeux. Parfois, j'aime penser que, à partir d'ici, tout semble avoir un sens, comme si en regardant les choses de cette distance, les problèmes devenaient petits et tout devenait plus clair.

Marina hocha la tête, comprenant exactement ce que Sofia voulait dire. Cette vue, cette large perspective, leur a donné à tous les deux un sentiment de légèreté, comme si, en regardant le vaste paysage urbain, ils voyaient aussi leur propre vie avec une distance qui leur permettait d'apprécier ce qui comptait vraiment.

Sans réfléchir, Sofia glissa sa main pour l'entrelacer avec celle de Marina, et dans ce geste simple mais profond, elles partageaient toutes deux un sentiment de compréhension mutuelle. La complicité qu'ils ressentaient, la compréhension silencieuse et la paix de la ville illuminée à leurs pieds se combinaient en un moment qui dépassait tout mot.

Le temps semblait suspendu dans cette scène, et Marina, sentant toujours le contact chaud de la main de Sofia dans la sienne, s'autorisa à fermer les yeux un instant, laissant ce moment rester gravé dans sa mémoire. À ce moment précis, devant cette vue et en présence de Sofia, Marina a senti que, pour la première fois depuis longtemps, elle vivait sans réserve, embrassant l'inconnu et choisissant de partager ce côté intime d'elle-même.

Un silence enveloppait l'appartement tandis que Marina et Sofia se tenaient ensemble devant la fenêtre, regardant les lumières de la ville s'étendre comme une tapisserie d'étoiles à l'horizon. Dans la pénombre, les ombres douces accentuaient le calme qui était insufflé dans l'atmosphère, et dans le reflet du verre, Marina remarqua la faible étincelle dans les yeux de Sofia, qui semblait absorbée par ce paysage urbain, partageant avec elle une quiétude qui transcendait les mots.

Sans quitter des yeux les lumières qui vacillaient au loin, Marina s'est accordée un moment de vulnérabilité. Elle prit une profonde inspiration et, laissant échapper l'air dans un soupir, parla à voix basse, comme si sa confession était une pensée qu'elle osait à peine dire à haute voix.

« Ça fait longtemps que je ne me suis pas senti aussi en paix », a-t-elle admis, la voix douce mais chargée d'une émotion sincère. Je n'ai pas l'habitude de partager... de me laisser aller. Mais, ce soir... avec vous ici... J'ai l'impression que tout cela a du sens, comme si j'étais passé à côté de quelque chose d'important.

Sofia, touchée par la sincérité de Marina, la regarda avec une chaleur qui reflétait sa compréhension et son affection. Au cours des derniers jours, elle avait découvert en Marina une profondeur et une délicatesse qui lui faisaient l'admirer encore plus, et entendre des paroles aussi honnêtes lui faisait sentir que ce moment était, en effet, spécial.

Sans réfléchir à deux fois, Sofia a pris la main de Marina, entrelaçant ses doigts dans un geste qui parlait de soutien et aussi d'affection. Elle n'avait pas besoin de dire quoi que ce soit ; Dans ce toucher, elle y avait tout ce que je voulais lui transmettre. Elle caressa doucement le dos de la main de Marina, sentant comment ce petit signe d'affection la rapprochait encore plus d'elle, comme si dans ce contact se communiquaient des émotions qui allaient au-delà de tout mot.

Marina, sentant la chaleur de la main de Sofia dans la sienne, a permis à la proximité physique de se transformer en quelque chose de plus, en une connexion qu'elles ont toutes deux vécues avec intensité. L'espace d'un instant, elle oublia le contrôle, la structure et toutes les barrières qu'elle avait l'habitude d'ériger autour de lui. La seule chose qui comptait à ce moment-là était la présence de Sofia, cette personne qui, de manière si inattendue, était entrée dans sa vie pour lui montrer une autre façon de vivre.

Lentement, Marina tourna son visage vers Sofia, et leurs regards se rencontrèrent dans un silence plein de promesses. La proximité entre les deux hommes est devenue palpable, comme si l'air autour d'eux s'était rempli d'une douce tension, d'un magnétisme qui les attirait de plus en plus. Marina remarqua l'intensité des yeux de Sofia, un mélange de tendresse et de désir qui lui faisait ressentir une vulnérabilité qui, au lieu de l'effrayer, lui donnait un sentiment inattendu de liberté.

Sans avoir besoin de mots, ils se penchèrent tous les deux l'un vers l'autre, rapprochant leurs visages, sentant comment leurs respirations se mélangeaient dans l'air. Dans ce geste, dans cette proximité, elle y avait quelque chose de puissant, une acceptation mutuelle de ce qu'ils commençaient à construire ensemble. Et même s'ils ne savaient pas où cette connexion les mènerait, ils savaient tous les deux qu'ils étaient prêts à le découvrir.

Finalement, dans un geste spontané et sincère, ils se sont tous les deux serrés dans les bras, laissant le contact entre leurs corps sceller ce moment d'intimité et de confiance. Marina sentit le battement silencieux du cœur de Sofia contre sa poitrine, et dans cette étreinte, elle trouva un sentiment de paix qu'elle avait rarement éprouvé. C'était comme si, à ce moment-là, ils se promettaient tous les deux en silence d'être là l'un pour l'autre, de s'accompagner et de laisser leurs chemins s'entrelacer sans réserve.

L'étreinte s'éternisa, et quand ils se séparèrent enfin, leurs visages n'étaient plus qu'à quelques centimètres l'un de l'autre. Les yeux de tous deux reflétaient une profonde compréhension, une promesse tacite que, bien qu'elle y ait encore beaucoup à découvrir, cette nuit-là n'était que le début de quelque chose qui allait changer leur vie. Marina, qui regardait toujours Sofia, sourit légèrement, un sourire qui en disait beaucoup plus qu'elle ne pouvait l'exprimer.

Sans voix, dans le silence de la nuit et sous la lueur des lumières de la ville, ils se savaient tous les deux prêts à explorer ce que cette relation signifiait pour eux. À cet instant, Marina a senti tous ses doutes et ses peurs s'évanouir, laissant place à un sentiment qu'elle n'avait pas connu jusque-là, une connexion qui lui a permis d'être complètement elle-même.

Sofia, avec sa sérénité et sa chaleur, lui rendit le sourire, et elles se regardèrent toutes les deux en silence, certaines qu'elles partageaient quelque chose de vrai.

LA ROUTINE ET LE DEFI

La matinée était calme et fraîche lorsque Marina et Sofia se sont rencontrées dans un petit café, un endroit confortable que Marina fréquentait pour son atmosphère sereine et son décor simple mais élégant. Les tables en bois sombre et les grandes fenêtres qui laissent entrer la lumière du matin créent une atmosphère chaleureuse, idéale pour une conversation détendue. Cependant, dès qu'ils se sont assis, Sofia a remarqué que quelque chose n'allait pas. Marina semblait absente, regardant le café qu'elle tenait dans ses mains avec une expression qui trahissait des pensées agitées, bien loin du calme qu'elle projetait habituellement.

Sofia, toujours à l'écoute, a essayé de combler le silence en parlant de son dernier projet d'architecture, en détaillant les défis et les moments amusants qu'elle avait vécus au cours du processus. Elle maintint un ton léger, cherchant à détourner la tension qu'elle percevait chez Marina. Mais, bien que Marina souriait de temps en temps et hochait la tête aux bons moments, son regard était toujours perdu et son sourire semblait trop tendu pour être authentique.

Après quelques minutes, Sofia s'arrêta de parler et regarda simplement Marina. La femme en face d'elle, si forte et si confiante, semblait maintenant petite et vulnérable, comme prise dans une tempête intérieure. Sofia ne pouvait s'empêcher de s'inquiéter ; elle y avait quelque chose de profond dans l'expression de Marina, quelque chose qui était sur le point de sortir et qui, de toute évidence, était très difficile à exprimer pour elle. Prenant une gorgée de son café, Sofia décida de ne pas insister pour une conversation informelle et choisit de faire face à ce qui se passait dans l'air.

« Marina ? » Dit-elle d'une voix douce, cherchant ses yeux. Tout va bien?

Marina prit une profonde inspiration, et pendant un instant, ses yeux reflétèrent le conflit qu'elle portait en elle. Elle savait que Sofia avait remarqué son malaise, et quelque chose dans ce regard compatissant lui donnait la confiance dont elle avait besoin pour parler. Après quelques secondes de silence, elle laissa échapper un soupir et finit par parler, la voix basse mais chargée d'émotion.

« Je ne sais pas si 'juste' est le mot », a-t-elle avoué, en tripotant la tasse de café qu'elle tenait dans ses mains. Sofia, je t'apprécie plus que je ne pensais pouvoir apprécier quelqu'un en si peu de temps. Mais... J'ai l'impression que cela me consume d'une manière que je ne sais pas si je peux contrôler.

Sofia, toujours directe mais sensible, a pris sa main sur la table dans un geste de soutien. Marina la regarda, un peu mal à l'aise, mais ne retira pas sa main. Elle savait que Sofia l'écoutait sans la juger, et que, même si cela la soulageait, elle se sentait aussi plus vulnérable.

« Parfois, j'ai l'impression... submergée", a poursuivi Marina, s'arrêtant pour trouver les bons mots. Cette relation, ce que nous construisons, est si fort et inattendu que je ne sais pas comment la gérer. J'ai passé tellement de temps à construire une vie où j'avais le contrôle de tout, où tout était parfaitement ordonné. Et maintenant, avec vous... Je sens ce contrôle m'échapper des mains.

Sofia la regarda en silence, sans l'interrompre, permettant à Marina de sortir tout ce qu'elle avait à l'intérieur.

« Je sais que cela semble absurde, mais... J'ai peur, avoua-t-elle finalement, la voix tremblante légèrement. La peur de me perdre, de perdre cette stabilité pour laquelle j'ai travaillé si dur. Et je ne veux pas que vous preniez cela personnellement, mais parfois je pense à prendre mes distances, à m'éloigner, parce que je ne sais pas si je peux gérer l'intensité de tout cela.

Sofia serra doucement la main de Marina, sans la lâcher un instant. Un mélange de compréhension et de tristesse se reflétait dans ses yeux ; elle comprenait le conflit de Marina, elle savait que ses peurs étaient réelles et qu'elle ne s'agissait pas d'un manque d'intérêt, mais d'une lutte intérieure entre le désir de lâcher prise et l'impulsion de se protéger.

« Je comprends, Marina », dit finalement Sofia, d'une voix calme mais ferme. Je sais que c'est nouveau pour vous, et que votre vie a été une recherche constante de stabilité et de contrôle. Mais, croyez-moi, l'amour n'est pas quelque chose que nous pouvons contrôler ou planifier. Je sais que tu as peur de te perdre, mais parfois, pour vraiment se retrouver, nous devons laisser certaines choses s'effondrer.

Marina baissa les yeux, visiblement émue par les paroles de Sofia, et sentit ses barrières internes commencer à céder. Elle y avait quelque chose dans la façon dont Sofia exprimait sa compréhension, une honnêteté et une sécurité qui lui faisaient sentir qu'elle n'était pas seule dans cette situation, que quelqu'un l'accompagnerait dans ce processus d'affrontement de ses peurs.

Après quelques minutes de silence, Marina regarda Sofia, et dans ses yeux elle y avait un mélange de gratitude et de vulnérabilité. Elle savait que la relation était à un moment crucial, un moment où elle devait décider d'aller de l'avant, d'affronter ses peurs, ou de prendre du recul pour maintenir la stabilité de sa vie structurée.

« Je ne sais pas si je suis prête à lâcher le contrôle, Sofia », a-t-elle finalement dit, sa voix à peine audible. Mais je sais que si quelqu'un peut m'aider à le faire, c'est vous.

Sofia lui sourit, tendrement et patiemment, et sentit que ce moment était une petite victoire. Elle n'a pas demandé à Marina de se changer immédiatement ou d'affronter toutes ses peurs en même temps ; Au lieu de cela, cela lui a donné l'espace nécessaire pour décider à son propre rythme, confiante que l'amour et la compréhension qu'ils partageaient seraient assez forts pour surmonter cet obstacle.

Ils finirent tous les deux leur café dans un silence réconfortant, comme si chacun avait atteint une compréhension plus profonde d'elle-même et de l'autre. Marina, toujours effrayée, a décidé d'ouvrir une petite porte au changement, à la possibilité de vivre quelque chose de nouveau et de laisser de côté son besoin constant de contrôle. Et Sofia, sans la presser, savait que ce petit pas était le début d'un chemin qu'elles parcourraient ensemble, un défi que, bien que compliqué, elles étaient prêtes à relever côte à côte.

La nuit a été parfaite sur la terrasse de ce bar branché, où des lumières tamisées et une musique relaxante ont créé une atmosphère idéale pour déguster un cocktail. Marina et Sofia, assises à une table au bord de la terrasse, contemplaient la vue sur la ville tout en partageant rires et anecdotes. La complicité entre les deux hommes était évidente, et la soirée s'est déroulée dans une quiétude confortable qui semblait réaffirmer le lien qu'ils avaient construit au cours des dernières semaines.

Soudain, un murmure et quelques rires interrompirent la conversation, et Marina sentit l'atmosphère changer légèrement. En se retournant, elle vit une femme qui marchait vers sa table, une femme qui rayonnait de confiance avec son attitude gracieuse et son sourire confiant. Elle portait un ensemble sophistiqué et ses yeux reflétaient un mélange de familiarité et d'intention. Dès qu'elle s'est approchée, le regard de la nouvelle venue s'est dirigé vers Sofia avec une chaleur que Marina ne pouvait ignorer.

« Sofia ! » s'exclama la femme d'une voix qui dénotait la proximité et la surprise. Je ne m'attendais pas à vous trouver ici. Quelle coïncidence.

Sofia, visiblement surprise, mais gardant son sang-froid, se leva pour la saluer. Marina observa la brève étreinte qu'ils échangèrent et remarqua que la femme prolongeait le contact de quelques secondes de plus que nécessaire, comme si elle voulait s'assurer que cette proximité était évidente. Sofia, avec la gentillesse qui le caractérise, sourit, puis, d'un ton quelque peu gêné, tourna son attention vers Marina.

« Marina, c'est Alicia », dit Sofia, essayant de rendre son ton naturel. Alicia et moi... Nous nous connaissons depuis longtemps.

Marina, ressentant un mélange d'insécurité et de curiosité, adressa à Alicia un sourire poli et lui tendit la main. Bien qu'elle ait essayé de garder son contrôle habituel, quelque chose dans la situation la faisait se sentir déplacée. Alicia, de son côté, la regardait de haut en bas avec un regard qui, bien qu'apparemment aimable, laissait entrevoir une certaine froideur, comme si elle évaluait Marina.

« Ravi de vous rencontrer, Marina », répondit Alice avec un sourire qui semblait cacher une teinte de défi. Sofia et moi avons passé des moments inoubliables dans ce bar. Je suis content de voir qu'elle continue à venir ici.

L'allusion était subtile, mais Marina a immédiatement compris le message. Cette femme n'était pas une simple connaissance de Sophie ; Elle représentait un lien du passé qui semblait encore avoir du poids. Marina, cependant, s'est forcée à rester calme, prenant une profonde respiration et se rappelant de ne pas se laisser emporter par ses émotions.

Alicia, qui n'avait apparemment pas l'intention de partir, s'installa à sa table et commença à parler à Sofia de ses expériences passées et de ses amitiés mutuelles, comme si elle essayait de revivre des moments qu'elles avaient partagés. Sofia, bien que visiblement mal à l'aise, a répondu poliment, essayant de ne pas rendre la situation plus tendue que nécessaire.

Marina a observé l'interaction, chaque mot et chaque geste, sentant que sa place dans la vie de Sofia était, d'une certaine manière, remise en question. Chaque fois qu'Alicia faisait référence à une anecdote partagée ou mentionnait un endroit qu'elles avaient toutes les deux l'habitude de visiter, Marina ressentait un pincement de malaise et de jalousie que, bien qu'elle ait essayé de réprimer, elle ne pouvait pas ignorer.

À un moment donné, Sofia, consciente de la tension croissante, a essayé d'adoucir l'atmosphère.

« Alicia, en fait, Marina et moi profitions d'une nuit tranquille », a déclaré Sofia, essayant de faire comprendre à Alicia que ce n'était pas le meilleur moment pour revivre le passé. Mais c'était bon de vous voir.

Cependant, Alice n'a pas compris l'allusion, ou peut-être a-t-elle choisi de l'ignorer. Elle regarda Marina avec un sourire ironique, puis se tourna vers Sofia.

« J'espère que nous pourrons nous rattraper bientôt, Sofia. J'adorerais que nous sortions à nouveau, comme nous le faisions avant.

La déclaration a laissé un sentiment de défi dans l'air. Marina, bien que contrôlée, ressentait un malaise palpable. Elle savait qu'elle n'avait pas le droit de revendiquer quoi que ce soit, mais la présence d'Alicia la rendait vulnérable d'une manière qui lui était difficile à gérer. Et ce qui était encore plus frustrant, c'était la preuve qu'Alicia occupait toujours un espace émotionnel dans la vie de Sofia, un espace qui semblait résister à la disparition.

Finalement, après quelques minutes de conversation gênante, Alice lui dit au revoir, jetant un dernier regard qui semblait être à la fois un adieu et un avertissement. Sofia, soulagée, s'assit à nouveau à côté de Marina, laissant échapper un soupir de frustration.

« Je suis désolée, Marina. Je ne m'attendais pas à la trouver ici. Alicia et moi... Nous avons eu une relation intense, et bien que tout se soit terminé elle y a longtemps, elle semble avoir du mal à lâcher prise sur le passé.

Marina hocha la tête, essayant de sourire, mais son esprit était toujours occupé à digérer le sentiment d'insécurité que la rencontre avait laissé. Tandis qu'ils rentraient chez eux, le silence entre eux était presque aussi dense que la nuit. Sofia essaya de prendre la main de Marina, mais celle-ci, perdue dans ses pensées, la lâcha subtilement, sans dire un mot.

Chaque pas qu'elle faisait en silence lui rappelait le défi émotionnel qu'elle venait de relever. Cette nuit-là, ce n'était pas seulement la présence d'Alicia qui l'avait mise mal à l'aise, mais aussi le rappel que, dans le passé de Sofia, elle y avait des personnes et des expériences qu'elle ne pouvait pas contrôler, une réalité qui a mis à l'épreuve sa stabilité émotionnelle. Elle n'était pas habituée à ce genre de vulnérabilité, et maintenant la réapparition d'Alicia semblait lui révéler un aspect de la relation qu'elle n'avait pas encore affrontée : l'incertitude inévitable d'aimer quelqu'un avec un passé plein d'histoires et de relations qu'elle ne pouvait pas effacer.

Lorsqu'elle est rentrée chez elle, Marina est restée éveillée dans la demi-obscurité de son salon, réfléchissant à ce qui s'était passé. Son esprit revint à ce moment embarrassant sur la terrasse, à la confiance avec laquelle Alice s'était approchée et à l'air de défi qu'elle avait laissé dans l'air. Pourrait-elle vraiment faire face à ces défis extérieurs ? Pouvait-elle faire face aux vestiges d'un passé qui n'était pas le sien, mais qui, d'une certaine manière, a influencé son présent ?

Marina a compris qu'une relation apportait non seulement des émotions, mais aussi des histoires qui n'étaient pas toujours faciles à accepter. Elle savait que le lien qu'elle partageait avec Sofia était spécial, mais la présence d'Alicia lui a fait voir que leur relation apportait également une série de défis externes qu'elle a dû apprendre à gérer.

Ce soir-là, alors qu'elle regardait les lumières de la ville depuis sa fenêtre, Marina a accepté qu'être avec Sofia signifiait s'ouvrir à l'inattendu, faire face à ses propres peurs et accepter que l'amour, en plus de la tendresse et de la complicité, apportait aussi des défis et des conflits. Elle décida que, bien que la présence d'Alicia ait éveillé en lui des insécurités, elle ne permettrait pas à ces fantômes de définir leur relation. Mais, au fond de moi, je savais que la route ne serait pas facile et que ce n'était que le début des défis que je devais encore relever.

Le soleil commençait à descendre à l'horizon, remplissant l'atelier de Marina d'une lumière chaude et dorée, la lumière qui lui procurait autrefois le calme, lui permettant de se concentrer sur son travail et sa collection d'art. Pourtant, cet après-midi-là, l'endroit qui lui avait toujours offert refuge et paix lui semblait différent, presque oppressant, comme si les murs eux-mêmes reflétaient les peurs et les doutes qui avaient surgi après cette rencontre maladroite avec l'ex de Sofia.

Assise dans son fauteuil préféré, une tasse de thé à la main, Marina a regardé les œuvres d'art qu'elle avait restaurées au fil des ans. Les figures et les couleurs semblaient perdre leur sérénité habituelle, et chaque tableau semblait la regarder, l'interroger, comme si ses propres choix étaient jugés. Cet espace, toujours ordonné et serein, lui semblait maintenant un rappel de la structure qu'elle avait créée, une structure que, jusqu'à ce moment-là, elle avait crue suffisante pour la soutenir en toute circonstance.

Marina posa sa tasse sur la table et regarda autour d'elle, s'arrêtant à chaque détail dont elle s'était occupée : les livres parfaitement alignés, les tableaux accrochés avec précision, les sculptures situées aux endroits exacts où l'on pouvait le mieux les admirer. Chaque objet dans la pièce était une extension de son besoin d'ordre, de contrôle. Elle avait construit sa vie comme cet espace, soigneusement organisé, stable et sûr. La présence de Sofia dans sa vie, avec ses émotions et son histoire, avait commencé à tout gâcher.

Elle se souvint de ce qu'elle avait ressenti sur la terrasse, avec le regard d'Alicia fixé sur elle, comme un défi. Cette situation a été un test qui l'a fait se sentir vulnérable et exposée, confrontée à la réalité que sa relation avec Sofia ne pouvait pas être complètement sous son contrôle. Maintenant, dans le calme troublant de son bureau, elle sentait toute la structure sur laquelle elle s'était appuyé vaciller. Pouvait-elle vraiment vivre une relation sans perdre l'équilibre qu'elle appréciait tant ? Était-elle capable de se donner sans renoncer à elle-même ?

Alors que les doutes montaient dans son esprit, Marina a commencé à envisager la possibilité de prendre du recul, de prendre du recul pour préserver sa tranquillité. Elle se dit qu'elle valait peut-être mieux retourner à sa vie ordonnée, où tous les aspects étaient sous son contrôle. Sa relation avec Sofia l'avait plongée dans un monde d'émotions qu'elle n'avait jamais exploré, et cette intensité lui faisait peur, lui donnait l'impression de perdre le contrôle d'elle-même. L'idée de reprendre sa vie sans complication, sans le chaos des relations affectives, lui offrait une tranquillité d'esprit alléchante.

Mais en même temps, une voix intérieure lui murmura que s'éloigner de Sofia ne serait ni facile ni satisfaisant. Elle avait vécu des moments d'authenticité et de connexion avec elle qu'elle n'avait jamais ressentis, et elle savait que même si la relation apportait aussi de la peur et du doute, elle signifiait quelque chose de profond pour elle. Le conflit entre son besoin de stabilité et le désir d'aller de l'avant avec Sofia la tourmentait, et chaque fois qu'elle essayait de se convaincre que le moyen le plus sûr était de prendre ses distances, cette pensée lui causait une tristesse difficile à supporter.

Alors que les ombres du soir s'allongent dans son bureau, Marina regarde l'une des plus anciennes pièces qu'elle ait restaurées, une peinture représentant une scène de nature sauvage, avec des montagnes imposantes et des arbres s'inclinant devant un vent invisible. Elle se rappela combien elle lui en avait coûté pour restaurer cette œuvre, pour lui redonner ses couleurs et sa vie sans trahir son essence. Et, à ce moment-là, elle a compris que, peut-être, sa relation avec Sofia était comme cette restauration : quelque chose qui nécessitait des efforts, du dévouement et, surtout, de la confiance dans le processus, sans prétendre contrôler chaque détail.

Marina s'est rendu compte que la peur qu'elle ressentait n'était pas seulement envers Sofia ou la relation elle-même. Sa vraie peur était au risque de se perdre dans des émotions qu'elle commençait à peine à découvrir. Elle avait passé tellement de temps à construire une vie contrôlée, à éviter le chaos des sentiments, que maintenant faire face à cette partie d'elle-même était écrasant. Au fond d'elle-même, elle savait que cette relation lui offrait l'occasion d'apprendre à se connaître d'une manière qu'elle n'avait jamais connue, d'explorer des facettes de son être qu'elle avait toujours refoulées.

Avec un profond soupir, Marina se leva du canapé et, sur un coup de tête, ouvrit une fenêtre, laissant l'air frais de l'après-midi inonder le bureau. Elle se tenait près de la fenêtre, sentant la brise relâcher la tension de ses épaules, comme si ce vent inattendu avait dissipé, au moins pour un instant, les doutes qui la tourmentaient. Elle a compris que le vrai défi n'était pas de contrôler sa relation avec Sofia, mais d'apprendre à faire face à sa propre peur d'être vulnérable, de se laisser aller sans savoir exactement où cela la mènerait.

Debout près de la fenêtre, regardant le ciel qui commençait lentement à s'assombrir, Marina s'est fait une promesse silencieuse : elle ne reviendrait pas. Elle savait que la route ne serait pas facile et que des défis émotionnels continueraient à se présenter, mais elle comprenait aussi que s'éloigner de Sofia signifierait renoncer à une partie d'elle-même qu'elle commençait à découvrir. Elle a décidé qu'elle était prête à tenter sa chance, à laisser la structure de sa vie s'effondrer un peu si cela signifiait trouver quelque chose d'authentique, quelque chose qui lui permettrait de vivre pleinement.

À la tombée de la nuit, Marina ressentit une nouvelle détermination qui la remplit de paix, une paix différente de celle qu'elle avait trouvée dans l'ordre et le contrôle, une paix née de l'acceptation de sa propre peur et du courage de l'affronter.

La nuit était sereine et fraîche lorsque Sofia et Marina ont commencé leur promenade dans le parc. La ville au loin scintillait de ses lumières, créant une atmosphère de tranquillité qui enveloppait le moment. Les lampadaires projetaient de douces ombres sur le chemin de gravier, et le bruit de leurs pas était le seul qui brisait le silence. La promenade avait été une invitation spontanée de Sofia, un moyen de sortir de la routine et, peut-être, de trouver le bon espace pour parler de ce qu'elles savaient toutes les deux qu'elle se passait entre elles.

Alors qu'elles marchaient le long du sentier, Marina a senti que cette nuit, sous les étoiles et entourée du calme du parc, était l'endroit idéal pour parler des choses qu'elles avaient toutes les deux évitées ces derniers jours. Ils gardèrent le silence, mais c'était un silence confortable, plein d'une intimité implicite. Marina, bien qu'elle porte encore en elle les peurs et les doutes qui l'avaient tourmentée, sentit qu'elle pouvait s'ouvrir un peu plus. Et Sofia, qui a senti cette vulnérabilité chez Marina, a décidé de prendre l'initiative.

Après un moment de marche en silence, Sofia s'arrêta et regarda Marina, qui, surprise, s'arrêta également. La lumière d'un lampadaire voisin illuminait le visage de Sofia, et Marina pouvait voir la sincérité dans ses yeux, une honnêteté qui semblait venir du plus profond de son être.

« Pour moi, le vrai luxe n'est pas le succès ou les choses matérielles », a dit Sofia calmement, comme si elle lui confiait un secret. C'est avoir une vie bien remplie, être honnête avec ce que je veux et ce que je ressens.

Marina la regarda, intriguée. Sofia continua à parler, avec une sérénité qui contrastait avec l'intensité de ses paroles.

« Je n'ai pas besoin de cravates ou de contrôle », a poursuivi Sofia en la regardant dans les yeux. Ce dont j'ai besoin, c'est d'honnêteté. Et je sais que l'amour authentique, l'amour qui compte vraiment, n'est pas toujours facile. En fait, c'est souvent compliqué et douloureux, mais je pense que c'est le seul qui en vaut la peine.

Les mots de Sofia ont profondément résonné chez Marina. La façon dont elle parlait de l'amour, de la vie et de son besoin d'être libre et honnête avec elle-même lui a offert une nouvelle perspective. Sofia n'a pas essayé d'imposer ses idées ou de contrôler le cours de la relation ; elle partageait simplement sa vision de ce que signifiait aimer vraiment, sans conditions ni attentes, quelque chose qui était, jusque-là, pour Marina un territoire inexploré.

Marina, en silence, baissa les yeux, sentant que les paroles de Sofia la désarmaient. Elle avait passé tellement de temps à construire une vie où la stabilité et le contrôle étaient primordiaux, qu'entendre la vision de Sofia de l'amour et de la liberté émotionnelle l'a rendue vulnérable et, en même temps, fascinée. Pour la première fois, elle a commencé à se demander si ses peurs et ses barrières l'avaient protégée ou, au contraire, l'avaient tenue à l'écart des expériences authentiques et significatives.

« Sofia, dit-elle enfin en levant les yeux, ce que vous dites me fait penser à ce que je cherchais réellement. J'ai passé ma vie à me protéger, à essayer de ne rien laisser me déstabiliser. Et pourtant, avec vous, j'ai commencé à découvrir des choses que je ne savais pas que je voulais. Mais je ne peux pas m'empêcher de me sentir vulnérable... Et ça me fait peur.

Sofia hocha la tête, l'écoutant sans la juger, et quand Marina s'arrêta, elle la regarda tendrement.

« Tu sais ? » Elle n'y a pas de vulnérabilité dont elle faut avoir peur », dit-elle doucement, en touchant la main de Marina avec un geste de réconfort. Je pense que parfois, nous devons arrêter de nous protéger pour trouver ce qui compte vraiment. Et, même si cela semble paradoxal, je crois que le véritable amour est celui qui nous permet d'accepter que nous sommes imparfaits, que nous pouvons être fragiles et forts en même temps.

Au fur et à mesure qu'ils continuaient à marcher, le dialogue s'est encore approfondi. Marina, bien qu'encore peu sûre d'elle, a commencé à s'ouvrir sur ses peurs les plus profondes, celles qu'elle avait gardées même pour elle. Elle a avoué que bien qu'elle veuille une vie pleine et authentique, l'idée de perdre le contrôle la terrifiait et qu'elle avait essayé de se protéger des émotions précisément parce qu'elle ne savait pas comment les gérer.

« Je ne sais pas si je serai capable d'aimer comme tu le fais », admit Marina, sa voix chuchotant à peine. Pour moi, le contrôle a toujours été un moyen de me protéger. Je ne sais pas si je pourrais juste... Lâche-le.

Sofia l'écoutait attentivement, et son visage reflétait la patience et l'amour qu'elle ressentait pour Marina. Elle savait que leur relation ne serait pas facile, mais elle comprenait aussi que le fait que Marina soit prête à affronter ses peurs était, en soi, un acte de courage.

« Tu n'es pas obligée de le faire tout de suite », a répondu Sofia en caressant le dos de la main de Marina avec son pouce. Aimer ne signifie pas tout lâcher d'un coup ; C'est un processus. L'important, c'est que vous soyez ici, prêt à essayer, et cela, pour moi, signifie beaucoup. Elle ne s'agit pas de perdre le contrôle, Marina. Elle s'agit de trouver une nouvelle façon d'être soi-même... Avec moi.

Au fur et à mesure que la promenade se poursuivait, Marina commença à considérer que l'amour n'était peut-être pas aussi simple qu'elle l'avait imaginé, ni aussi

178

terrifiant qu'elle l'avait craint. Elle a commencé à voir l'amour comme quelque chose qui impliquait du risque, oui, mais aussi une possibilité de grandir, de se redécouvrir en compagnie de quelqu'un qui lui donnait la liberté d'être authentique. Cette promenade nocturne, sous les lumières de la ville, est devenue un moment de révélation pour Marina : peut-être l'amour, comme le disait Sofia, était-elle le seul luxe qui vaille la peine d'être vécu.

Finalement, sur un coup de tête, Marina s'arrêta, regarda Sofia avec un mélange de gratitude et de décision, et dit :

« Je veux essayer. » Je veux apprendre à vivre comme toi... même s'elle ne sait pas encore comment s'y prendre.

Sofia, avec un sourire radieux, l'a serrée doucement dans ses bras et, dans cette étreinte, elles ont toutes deux senti que les mots étaient inutiles. Marina, bien qu'encore craintive, commençait à accepter que le véritable amour était précisément ce qu'elle avait évité, et que peut-être cet amour, plein de défis et de liberté, était ce qui lui donnerait la vraie paix qu'elle avait toujours recherchée.

La nuit au musée était enveloppée d'un calme profond, et les murs blancs des galeries mettaient en valeur les œuvres d'art sous un éclairage doux et chaleureux. Marina et Sofia marchaient en silence, s'imprégnant de l'atmosphère du lieu. Pour Marina, ce musée représentait bien plus qu'un espace de travail ; C'était un temple personnel, un lieu sacré où le temps et le monde extérieur semblaient s'être arrêtés, lui permettant de se donner pleinement à son amour de l'art.

« Merci de m'avoir amenée ici », a dit Sofia dans un murmure, consciente de l'importance de ce geste. Je sais ce que cet endroit représente pour vous.

Marina hocha la tête, ressentant un mélange de nervosité et de fierté. Elle avait travaillé sur de nombreuses pièces qui étaient maintenant accrochées à ces murs, et voir Sofia marcher dans les couloirs lui a donné l'impression que, pour la première fois, elle partageait une partie d'elle-même qu'elle montrait rarement.

La première salle était dédiée aux sculptures abstraites qui semblaient danser sous les lumières. Chaque pièce, construite avec des matériaux contrastés tels que le marbre et le fer rouillé, représentait une dualité entre l'organique et l'industriel. L'une des sculptures, une structure torsadée de fer et de cuivre, a attiré l'attention de

Sofia. Les tubes métalliques montaient en spirale, imitant la forme d'une fleur en train de s'ouvrir.

« Que pensez-vous de celui-ci ? » Demanda Marina, remarquant l'intérêt de Sofia.

Sofia regarda la sculpture en silence avant de répondre.

"C'est... comme s'elle était en constante transformation », a-t-elle déclaré. Cela me rappelle la façon dont l'amour et la vie sont des processus en mouvement, en constante évolution.

Marina hocha la tête, impressionnée par la perception de Sofia.

« C'est comme ça que l'artiste l'a vu. J'ai travaillé à sa restauration elle y a quelques années. La sculpture était couverte de rouille et le cuivre avait commencé à se corroder. C'était un défi de conserver son intégrité tout en améliorant la texture d'origine. C'est une œuvre qui défie le passage du temps et, en même temps, l'embrasse.

Sofia sourit, voyant les yeux de Marina briller pendant qu'elle parlait. Elle admirait la passion que son partenaire mettait dans son travail et comment ce dévouement lui permettait de trouver la beauté dans l'imperfection.

Ensuite, ils sont arrivés dans une pièce qui abritait une collection de peintures expressionnistes, pleines de couleurs intenses et de coups de pinceau énergiques. Au centre du mur principal était accroché un grand tableau dans des tons de rouge et de noir qui semblait capturer une tempête émotionnelle. Les figures du tableau étaient floues, presque indiscernables, comme si elles s'effondraient ou se fondaient dans une mer d'émotions brutes.

Sofia s'arrêta devant l'œuvre, fascinée par l'intensité de la peinture.

« C'est puissant », a-t-elle dit doucement. Je peux presque sentir la rage et la passion qui sont ici. C'est comme si l'artiste voulait... crier quelque chose.

Marina s'est approchée et a observé le tableau à côté d'elle, ressentant un lien avec l'œuvre.

« C'est l'un de mes préférés », a-t-elle avoué. Cette œuvre a été peinte par un artiste qui a exploré la douleur des relations ratées. J'ai voulu exprimer comment l'amour peut être à la fois un refuge et une prison. Lorsque j'ai travaillé sur sa restauration, j'ai remarqué qu'elle y avait des couches de couleur cachées sous le rouge, comme si elle avait essayé de couvrir quelque chose avant de décider de le montrer.

Sofia, émue par l'histoire de la pièce, prit la main de Marina et la serra doucement.

—C'est impressionnant de voir comment vous trouvez tous ces détails, comment vous vous immergez dans l'histoire de chaque pièce. Cela me fait voir que vous avez aussi des couches et des secrets, des choses que vous décidez de montrer et d'autres que vous préférez garder.

Marina a ressenti un mélange de vulnérabilité et de gratitude à ces paroles de Sofia. Elle n'était pas courant qu'elle s'ouvre de cette façon, mais avec Sofia, elle se sentait comprise.

La pièce suivante était remplie de portraits et de figures humaines. Sur l'un des murs, une série de petits portraits à l'huile montrait des personnes d'âges et d'expressions différents. Les visages semblaient refléter toute une gamme d'émotions, allant du bonheur à la tristesse la plus profonde.

Marina s'arrêta devant le portrait d'une femme au regard mélancolique, dans une robe bleue qui s'effaçait à l'arrière-plan du tableau.

« Cette femme me fait penser à quelqu'un que j'aimais », a-t-elle dit, la voix teintée de nostalgie. C'est une œuvre ancienne, et l'expression de son visage m'a toujours touché.

Sofia la regarda avec empathie et lui demanda :

« À qui cela vous rappelle-t-elle ? »

Marina, après quelques secondes de silence, sourit tristement.

—Quelqu'un qui était important pour moi, mais qui est parti elle y a longtemps. Restaurer cette œuvre, c'était comme la ramener, du moins dans un sens. Est... Curieux de voir comment l'art peut faire revivre ce que l'on croyait perdu.

Sofia l'a écoutée sans la juger, lui tenant la main en silence, lui transmettant sa compréhension et son soutien.

Finalement, ils sont arrivés dans une pièce spéciale, un grand espace minimaliste dans lequel seule une grande peinture abstraite était accrochée au mur central. L'œuvre était une explosion de couleurs et de formes géométriques qui semblaient être en constante évolution, un tourbillon de traits bleus, verts et jaunes qui s'entremêlaient comme s'ils étaient en cours de transformation.

Marina et Sofia se sont arrêtées devant le tableau, toutes deux en silence, estimant que l'œuvre capturait l'essence de leur relation.

« Cette peinture représente le changement et l'évolution », a déclaré Marina, après un moment. C'est une

185

œuvre que j'ai restaurée avec beaucoup de soin. L'artiste a voulu exprimer comment l'être humain traverse des cycles de destruction et de renaissance. Chaque trait symbolise une étape de changement, d'adaptation et d'acceptation.

Sofia, profondément émue, a regardé Marina et a réalisé à quel point cette pièce comptait pour elle.

« Cela me fait penser à nous », a-t-elle dit doucement. Dans la façon dont, petit à petit, nous nous sommes permis de changer et de découvrir des parties de nous-mêmes que nous aurions pu cacher.

Marina sourit, comprenant le symbolisme de l'œuvre dans leur relation. Le premier pas qu'elle avait fait en invitant Sofia dans son monde était aussi un acte de transformation personnelle, une façon de rompre avec la sécurité de sa vie structurée pour embrasser la possibilité d'un amour authentique.

Sur un coup de tête, Sofia prit la main de Marina et l'attira à elle, la regardant avec un sourire plein de complicité et d'affection.

« Merci de m'avoir amené ici », a-t-elle chuchoté. Cela signifie beaucoup pour moi... et, je l'espère, pour vous aussi.

Marina, excitée, sourit en retour et se laissa reposer par le geste de Sofia. Elle sentait qu'à ce moment-là, elle avait atteint une liberté qu'elle n'avait jamais connue. Elle avait réussi à surmonter, même momentanément, son besoin de contrôle et de barrières, en s'autorisant à être vulnérable et authentique.

Tous deux ont continué à observer le tableau en silence, comme si cette œuvre abstraite leur racontait une histoire qui leur est propre, une histoire de changement, d'acceptation et d'ouverture à l'amour. À ce moment-là, Marina a compris qu'elle ne partageait pas seulement son monde avec Sofia, mais qu'elle faisait un premier pas vers la vie qu'elle désirait vraiment, une vie dans laquelle l'amour, la liberté et l'authenticité pouvaient coexister sans crainte.

En sortant du musée, toujours se tenant la main, Marina et Sofia savaient que cette promenade avait marqué un avant et un après dans leur relation. Ils étaient prêts à embrasser la transformation que cette nuit leur avait offerte.

LE POIDS DES PEURS

Le soleil commençait à descendre à l'horizon, teignant l'atelier de Marina de tons chauds et orangés, et projetant de douces ombres sur les murs. La lumière du soir illuminait sa collection de peintures et de sculptures, chacune soigneusement choisie et restaurée de ses propres mains. La perfection de cet espace la réconfortait et, en même temps, lui rappelait la rigidité de la vie qu'elle avait construite, une vie où tout avait un ordre, un but.

Assise dans son fauteuil en cuir à côté de son bureau, Marina tenait un verre de vin à la main, remuant lentement le liquide tandis que ses pensées tourbillonnaient. La relation avec Sofia, si intense et si fraîche, avait touché quelque chose au plus profond d'elle, quelque chose qui la dérangeait et la mettait au défi. Cette proximité avait réveillé dans ses émotions que, jusqu'à ce moment-là, elle pensait avoir maîtrisées. Mais maintenant, chaque jour qui passe, elle sentait ses sentiments pour Sofia briser les barrières de l'autosuffisance qu'elle avait soigneusement érigées au fil des ans.

Marina prit une gorgée de vin et ferma les yeux, se plongeant dans une conversation silencieuse avec elle-même. C'était comme si deux parties de son être se faisaient face : celle qui aspirait à l'indépendance et au contrôle qui l'avaient toujours soutenue, et celle qui, en présence de Sophie, avait découvert une vulnérabilité qui l'effrayait et l'attirait en même temps.

—Quand est-ce devenu si compliqué ? murmura-t-elle en regardant le reflet de son visage sur la vitre.

Elle connaissait bien les risques d'aimer, de s'ouvrir à quelqu'un. Elle avait vu des relations se briser, elle avait entendu des confessions et des promesses qui s'effondraient comme des châteaux de sable. Et pourtant, avec Sofia, elle avait ressenti quelque chose de différent, quelque chose de si fort que même sa discipline et son désir de se protéger n'avaient pas pu s'arrêter. Ce mélange de peur et de désir la consumait, l'amenant à se demander si elle pouvait avancer sans perdre une partie d'elle-même.

Marina prit une profonde inspiration, essayant de se calmer. Je savais que cette conversation interne ne pouvait pas être reportée. La relation avait commencé à faire bouger quelque chose en elle, quelque chose qui l'avait forcée à réévaluer la vie qu'elle avait choisie. Elle sentait que son monde était divisé en deux : d'une part, son besoin de rester indépendante et en sécurité ; de l'autre, le désir de s'abandonner à une véritable connexion, celle qui la ferait se sentir vivante, quitte à s'ouvrir à la douleur.

Finalement, dans un acte de détermination, elle mit le verre de vin de côté, décrocha le téléphone et, après quelques secondes d'hésitation, composa le numéro de Sofia. Chaque sonnerie le faisait hésiter, mais elle savait qu'elle ne pouvait pas ignorer ce conflit. Elle devait être honnête, même si cela signifiait s'éloigner pendant un moment.

Quand Sofia répondit, la voix de Marina trembla légèrement.

« Sofia, je pense que j'ai besoin d'un peu de temps pour réfléchir », dit-elle d'une voix douce mais ferme, essayant de paraître calme, bien qu'un pincement d'incertitude lui transperce le cœur. Je ne veux pas te blesser, mais... J'ai l'impression de me perdre et j'ai besoin de comprendre ce que je veux vraiment.

Le silence sur la ligne fut long, mais Marina pouvait imaginer l'expression de Sofia, son regard calme et compréhensif, bien que derrière ce calme, elle perçût une tristesse. Finalement, Sofia prit la parole, d'un ton calme mais plein d'émotion contenue.

« Marina, je comprends. Je ne veux pas que tu te sentes piégée dans ça », a déclaré Sofia, la voix enveloppante et pleine d'empathie. J'espère juste que vous trouverez ce dont vous avez besoin... et que vous vous souveniez que je suis là pour vous.

Ces paroles, si généreuses et pleines d'affection, percèrent les défenses de Marina. Sa poitrine se contracta d'un mélange de soulagement et de tristesse, et lorsqu'elle raccrocha le téléphone, une solitude insondable sembla remplir l'espace autour de lui. La lumière du soir avait disparu et, à sa place, l'atelier était plongé dans l'ombre, reflétant le calme troublant qui y régnait.

Au bout de quelques minutes, Marina s'arrêta, entourée du silence de son bureau, un silence si dense qu'elle semblait absorber toutes les pensées. Elle savait que le temps qui lui était imparti n'apporterait pas de réponses faciles. Au fond d'elle-même, elle a compris que s'éloigner de Sofia n'était qu'une pause, une tentative d'éviter l'inévitable, de repousser les émotions qui l'avaient secouée au plus profond de son être. Mais même ainsi, c'était la seule chose que je pouvais faire à ce moment-là pour ne pas me sentir complètement hors de contrôle.

Elle regarda les murs ornés de ses œuvres d'art préférées, chaque pièce soigneusement placée, chaque détail reflétant l'ordre qui lui était cher. Cet espace avait toujours été son refuge, un endroit où elle pouvait échapper à toute tempête émotionnelle. Mais à cet instant, le bureau ne lui offrait plus la paix qu'elle avait l'habitude de trouver en lui. Au contraire, chaque œuvre, chaque tableau, semblait la regarder, lui rappelant que sa vie de contrôle absolu avait un coût : celui de fermer la porte à une connexion authentique.

Finalement, Marina s'affaissa dans le fauteuil, embrassant la solitude qu'elle avait choisie. Elle savait qu'à un moment donné, elle devrait faire face à ses peurs, mais pour l'instant, tout ce qu'elle pouvait faire était d'essayer de se comprendre et de décider si elle était vraiment prête à risquer la stabilité pour laquelle elle avait travaillé si dur.

La nuit tombait sur la ville, et le bruit de la pluie sur les fenêtres du loft de Sofia résonnait dans tous les coins de l'espace, amplifiant le silence qui était resté après l'appel de Marina. Le grenier, normalement lumineux et plein de vie, semblait maintenant froid et vide, comme s'elle reflétait le vide qu'elle ressentait à l'intérieur. Sofia se déplaçait lentement dans la pièce, passant ses doigts sur les surfaces de ses meubles et de ses livres, cherchant un peu de réconfort dans la familiarité de ses affaires.

L'espace était spacieux, avec de hauts plafonds et des murs en briques apparentes, un endroit qui avait toujours reflété son esprit libre et son amour du moderne et du non conventionnel. Ce soir-là, cependant, le loft semblait immense, un espace trop grand pour une seule personne. Elle alluma une lampe dans un coin où elle avait l'habitude de lire, et la lueur chaude de la lumière accentuait les ombres, projetant des figures allongées sur le parquet. Elle s'approcha des fenêtres et regarda la ville, regardant les gouttes de pluie glisser à travers les fenêtres, comme si chaque goutte accentuait la distance qui la séparait de Marina.

Sofia s'est servi un verre de vin et s'est laissée tomber sur le canapé, s'enveloppant dans une couverture alors qu'elle essayait de trouver un peu de paix dans la solitude. Les mots de Marina, son désir de prendre un peu de temps, résonnaient dans son esprit. Elle avait compris la décision de Marina et l'avait respectée d'une manière ou d'une autre. Elle savait ce que signifiait vouloir être indépendant et libre, car elle aussi avait passé des années à construire une vie où l'autonomie et le contrôle étaient essentiels. Mais maintenant, pour la première fois, cette indépendance lui semblait être une prison.

En regardant le vin dans son verre, ses pensées s'approfondirent.

« Est-ce si difficile de me laisser aimer ? » Elle marmonna à haute voix, comme s'elle attendait que l'écho sur les murs réponde.

Elle avait passé tant de temps à s'efforcer d'être autonome, de prouver qu'elle n'avait besoin de personne, qu'elle se demandait maintenant si cette attitude ne l'avait pas conduite à une vie de solitude. L'autosuffisance était-elle vraiment la liberté qu'elle avait toujours défendue ? Ou, au fond, s'était-ce été une barrière qu'elle avait érigée pour ne pas avoir à faire face à la vulnérabilité ?

Ses pensées sont devenues de plus en plus complexes et un nœud d'anxiété a commencé à se former dans sa poitrine. Elle était amoureuse de Marina, elle le savait, mais elle comprenait aussi qu'elle ne pouvait pas forcer une connexion qu'elles apprenaient encore à comprendre toutes les deux. Cependant, l'idée de perdre ce qu'ils avaient commencé lui était insupportable. Pendant des années, elle avait cru que vivre sans liens lui donnait la liberté, mais maintenant, face à la possibilité d'un amour authentique, elle se demande si elle a jamais compris le vrai sens de la liberté.

Sofia soupira, épuisée par ses propres pensées, et posa le verre de vin sur la table basse devant elle. Elle se leva et regarda autour d'elle, cherchant quelque chose pour la distraire. La pluie battait toujours sur les fenêtres, et le bruit était maintenant un rappel constant de leur solitude.

Sans savoir exactement pourquoi, elle a pris son téléphone et a ouvert l'application de messagerie. Après quelques secondes d'hésitation, elle a écrit un message rapide à son amie Marta, l'une des rares personnes à connaître ses peurs et ses doutes les plus profonds.

« Avez-vous le temps de prendre un café demain ? Je pense que j'ai besoin de parler... à propos de tout ce que j'ai évité.

Elle envoya le message et mit le téléphone de côté, ressentant un mélange de soulagement et d'embarras. Elle avait passé tellement de temps à réprimer ses émotions, à prétendre que tout était sous contrôle, que demander de l'aide semblait être un signe de faiblesse. Cependant, elle s'est aussi rendu compte qu'elle était temps d'accepter qu'elle avait besoin d'exprimer ce qu'elle ressentait, qu'elle devait affronter sa propre peur de la vulnérabilité.

Le lendemain, dans un café confortable et calme, Sofia a rencontré Marta. Le café était décoré avec des tons chauds et des meubles en bois sombre, créant une atmosphère intime qui l'invitait à parler honnêtement. Marta l'observait attentivement tandis que Sofia commençait à se défouler, partageant ses peurs et les doutes que la relation avec Marina avait éveillés en elle.

« C'est comme si j'avais construit toute ma vie sur cette idée d'indépendance absolue », a déclaré Sofia en regardant son café. J'ai toujours cru que l'autosuffisance me protégeait, que le fait de ne pas avoir besoin de quelqu'un me rendait plus forte... Mais maintenant, je n'en suis plus si sûr.

Marta, toujours à l'écoute, hocha la tête et lui adressa un sourire compatissant.

« Sofia, l'indépendance n'est pas incompatible avec l'amour. Aimer quelqu'un ne signifie pas que vous cessez d'être vous-même ou que vous perdez votre liberté. Mais peut-être que ce dont vous avez besoin, c'est de redéfinir ce que l'indépendance signifie pour vous.

Sofia la regarda, surprise. Je n'avais jamais pensé que l'indépendance pouvait coexister avec l'amour. Sa conception de l'amour est marquée par la peur de la dépendance, du sacrifice de sa propre identité.

« Et si j'étais trop brisé pour aimer vraiment ? »
Demanda-t-elle à voix basse, craignant que son amie ne
pense aussi que c'était impossible.

Marta secoua la tête, et elle y avait un mélange
d'empathie et de fermeté dans ses yeux.

« Tu n'es pas brisée, Sofia. Vous ne faites que vous
protéger de quelque chose qui vous fait peur. Cela nous
arrive à tous. L'amour sans réserve fait peur, car elle nous
rend vulnérables. Mais cela ne veut pas dire que vous n'êtes
pas capable de le vivre.

Les paroles de Marta commencèrent à résonner dans
l'esprit de Sofia. Peut-être, pensait-elle, la vraie force n'était
pas de vivre sans attachements, mais de se permettre d'être
vulnérable, de risquer l'amour en sachant que l'amour
authentique ne peut pas être contrôlé.

Tout au long de la conversation, Sofia a commencé à
entrevoir quelque chose de nouveau, une possibilité d'aimer
sans se perdre. Peut-être avait-elle confondu l'autonomie
avec la solitude et l'isolement, mais maintenant elle réalisait
qu'elle y avait peut-être un moyen d'être indépendante tout
en permettant à Marina de faire pleinement partie de sa vie.

Alors qu'ils terminaient leur café, Sofia a ressenti un
regain d'espoir, une envie d'essayer quelque chose de
différent. Elle ne pouvait pas contrôler ce qui arriverait à

Marina, ni s'assurer qu'elles surmontent toutes les deux leurs peurs, mais elle était prête à prendre un risque. Elle dit au revoir à Marta avec un sourire reconnaissant et, en sortant de la cafétéria, la brise fraîche lui rappela que chaque relation était, en soi, une aventure, un risque qui méritait parfois d'être pris.

Le jour s'est levé nuageux et, lorsqu'elle est entrée dans le bureau d'architecture, Sofía a ressenti un air de lourdeur qui reflétait son propre état émotionnel. Les larges fenêtres du bureau laissaient entrer la lumière grise du ciel, et bien qu'elle trouvait généralement l'inspiration dans cet environnement serein, aujourd'hui tout semblait vide et distant. L'équipe était réunie autour du bureau et, alors qu'elle examinait un projet important pour un client, Sofía avait du mal à rester concentrée.

Au fur et à mesure que la réunion avançait, les voix de ses collègues semblaient s'estomper et les plans sur la table devenaient flous et dénués de sens. Ses pensées revenaient à Marina, à l'appel qu'ils avaient eu, à la froideur avec laquelle leur loft avait été quitté la nuit précédente. Bien qu'elle ait aimé son travail et l'excitation de créer des espaces pleins de vie et de design, ce jour-là, elle a senti qu'elle manquait quelque chose de fondamental. Soudain, quelqu'un a dit son nom.

« Sofia ? » Tout va bien ? Mateo, l'un de ses collègues et un ami de confiance, a demandé avec une expression inquiète.

Sofia cligna des yeux et essaya de se concentrer, se sentant un peu exposée. Elle perdait rarement le fil des conversations ; Elle était généralement la personne énergique et confiante qui dirigeait avec détermination.

"Je suis désolé, je suis... un peu distraite aujourd'hui", a-t-elle dit avec un sourire nerveux, essayant de retrouver son calme.

L'équipe a poursuivi la réunion, mais Mateo a continué à la regarder, remarquant qu'elle y avait quelque chose d'autre derrière sa distraction. À la fin de la journée, elle s'est approché d'elle alors qu'elle ramassait ses affaires. Le bureau était pratiquement vide, et le bruit des claviers et les conversations de ses collègues s'étaient estompés jusqu'à laisser place à un écho lointain.

« Veux-tu parler ? » Demanda-t-elle doucement, s'arrêtant près de son bureau.

Sofia soupira, sachant qu'avec Mateo, elle pouvait être honnête. Elle était l'un des rares amis en qui elle avait pleinement confiance et qui avait été témoin de certains de ses moments les plus vulnérables, même s'ils étaient rares.

« Je ne sais pas, vraiment », admit-elle en posant sa plume sur la table et en s'appuyant contre sa chaise. J'ai toujours pensé que mon indépendance était la chose la plus importante, que ma vie n'était complète qu'avec mon travail et ma liberté. Mais dernièrement... J'ai l'impression qu'elle me manque quelque chose.

Mateo la regarda avec un mélange d'empathie et de sagesse, comme s'elle comprenait ce qui se passait mieux qu'elle.

« Sofia, le contrôle est un outil puissant, mais elle peut aussi être un obstacle », a-t-elle déclaré. Souvent, nous l'utilisons pour nous protéger, pour nous garder en sécurité. Mais vous ne pouvez pas tout avoir sous contrôle et vous attendre, en même temps, à une connexion profonde. Peut-être est-elle temps pour vous de vous permettre de ressentir sans avoir à tout comprendre.

Les paroles de Mateo l'ont frappée durement, et bien qu'au début elle ait voulu se défendre, au fond d'elle-même, elle savait qu'elle avait raison. Toute sa vie avait été conçue autour de son indépendance et de son apparente sécurité émotionnelle. Mais la connexion avec Marina avait réveillé quelque chose en elle, quelque chose qu'elle désirait plus intensément qu'elle n'était prête à l'admettre.

Après la conversation avec Mateo, Sofia est restée seule dans le bureau, laissant le silence remplir l'espace autour d'elle. La lumière des lampes projetait de longues ombres sur les avions qui s'étendaient sur son bureau, et le vide du bureau accentuait le malaise qu'elle ressentait.

Sofia commença à se promener dans la pièce, passant en revue les modèles architecturaux, les esquisses des projets futurs. Normalement, ces objets lui offraient satisfaction, lui rappelaient sa passion et son but, mais aujourd'hui, ils semblaient incomplets. Elle s'est approché d'un modèle sur lequel elle avait travaillé intensivement ces dernières semaines, un projet qu'elle avait conçu avec des lignes audacieuses et des espaces ouverts, recherchant toujours l'équilibre entre fonctionnalité et beauté.

En l'observant, elle s'est rendu compte que, à bien des égards, elle avait traité sa vie comme elle avait traité ses projets : comme quelque chose qu'elle pouvait planifier et concevoir en détail. Mais maintenant, elle était en territoire inconnu, où elle ne pouvait ni prévoir ni contrôler ce qu'elle ressentait.

Elle s'assit sur le bord de la table, regardant la maquette, et ses pensées retournèrent à Marina. La connexion qu'ils avaient partagée était réelle, différente de tout ce que j'avais connu auparavant. Et si, dans son empressement à se protéger et à contrôler sa vie, elle avait évité précisément ce dont elle avait le plus besoin ?

Mateo avait raison. La sécurité qu'elle avait construite au fil des ans n'était qu'un obstacle. Peut-être le vrai risque était-elle de s'ouvrir à la possibilité d'un amour qu'elle ne pouvait ni contrôler ni définir, un amour qui la pousserait à découvrir une partie d'elle-même qu'elle n'avait pas encore explorée.

Sofia a pris une profonde respiration et, pour la première fois depuis longtemps, elle a accepté que le contrôle absolu n'était pas la solution. Un lien profond et authentique nécessitait des risques et, surtout, de la vulnérabilité. Elle savait qu'elle ne pouvait pas forcer Marina à surmonter ses propres peurs, mais elle était prête à lui donner le temps dont elle avait besoin et, en même temps, à être là pour elle, à affronter la peur d'aimer et d'être aimé ensemble.

La nuit était tombée et la ville brillait au loin, ses lumières se reflétant sur les fenêtres des bureaux. À ce moment-là, Sofia a senti que, malgré l'incertitude, le chemin était plus clair.

Le soleil couchant recouvrait la ville de teintes dorées et oranges lorsque Marina décida de retourner à la galerie où elle avait rencontré Sofia. Elle avait passé les derniers jours à essayer de trouver des réponses dans la solitude de son bureau, mais chaque recoin de cet espace la remplissait de plus de questions et de peurs. Elle s'était convaincu que le contrôle était la clé de sa paix, mais dans ces moments-là, cette paix semblait une illusion vide. Elle avait besoin de clarté, et pour une raison quelconque, elle avait l'impression que la galerie était le seul endroit où elle pouvait la trouver.

Quand je suis arrivé, la galerie était déserte. Les lumières étaient tamisées, rehaussant les ombres et donnant à l'endroit un air de mystère et de calme. Ses pas résonnaient sur le sol, et l'écho lui rappelait constamment sa solitude. Elle marchait lentement, regardant les œuvres accrochées aux murs, toutes chargées de sens. Et finalement, elle est arrivé au tableau.

Le tableau qu'elle avait partagé avec Sofia cette première nuit était toujours au même endroit, une œuvre impressionniste pleine de couleurs chaudes et de coups de pinceau doux qui s'entremêlaient en harmonie. Le tableau représentait une scène de la nature en mouvement, un ruisseau d'eau coulant entre des arbres dorés, comme s'elle capturait l'instant où les émotions surgissent puis se dissipent. Pour Marina, l'œuvre a toujours symbolisé la nature éphémère des émotions humaines, et à l'époque, cette fugacité lui semblait douloureusement réelle.

Elle se tenait devant le tableau, les bras croisés et les yeux fixés sur les coups de pinceau. Elle s'est souvenue que, ce soir-là, elle avait ressenti une connexion immédiate avec Sofia en regardant la pièce ensemble. Ils avaient parlé de ce que cela signifiait pour chacun d'eux, de la façon dont l'art pouvait capturer un moment d'intensité et le faire durer. Mais maintenant, seule dans la galerie, cette connexion semblait être un rêve lointain, quelque chose qu'elle avait peut-être idéalisé.

« Est-ce ce que c'est ce que coûte l'autosuffisance ? » murmura-t-elle, dont les paroles résonnaient doucement dans le silence de la galerie.

En regardant le tableau, Marina a senti que chaque trait, chaque couleur, était un rappel des émotions qu'elle avait évité de ressentir. Elle savait que l'indépendance et le contrôle avaient été ses boucliers pendant des années, la protégeant de la vulnérabilité. Mais maintenant, devant ce tableau, elle a commencé à se demander si elle avait vraiment vécu comme elle le voulait ou si, au contraire, elle avait construit une vie basée sur la peur de se connecter profondément avec quelqu'un.

Elle tendit une main vers le cadre du tableau, ses doigts effleurant le bois comme s'elle le touchait pour le rapprocher un peu plus de la vérité. Pour la première fois, elle s'avoue que l'indépendance qu'elle avait tant défendue était aussi une prison, une barrière qui l'empêchait de se rendre et de se sentir pleinement. Elle s'était construit une vie sûre, oui, mais elle s'était aussi isolé dans une bulle qui semblait maintenant vide.

Une boule se forma dans sa gorge et ses yeux se piquèrent à la révélation que, peut-être, sa quête de stabilité et d'autosuffisance avait coûté bien plus cher qu'elle n'était prête à l'admettre.

Marina s'est forcée à retenir son regard sur le tableau, comme s'elle pouvait répondre à la question qui tournait dans sa tête : pouvait-elle vraiment s'ouvrir à l'amour sans perdre son indépendance ? Ou peut-être que l'amour, ce genre d'amour authentique et profond que Sofia semblait lui offrir, n'avait rien à voir avec la perte de soi, mais avec la découverte d'une nouvelle forme de liberté.

Elle soupira et ferma les yeux, se souvenant de chaque moment partagé avec Sofia, de chaque rire, de chaque conversation. Elle s'est rendu compte qu'elle avait ressenti une liberté spéciale avec elle, un sentiment de paix qu'elle n'avait jamais éprouvé dans sa vie soigneusement planifiée.

Et si la vraie liberté était d'accepter le risque ? Elle s'interroge, comme si le tableau pouvait lui répondre.

Alors qu'elle se tenait là, une nouvelle perspective a commencé à émerger. Elle a compris que la connexion humaine, même si elle était un territoire incertain et parfois douloureux, était un besoin qu'elle ne pouvait pas ignorer. Les relations humaines impliquaient le risque et le dévouement, et c'est précisément pour cette raison qu'elles étaient précieuses. Elle s'est rendu compte que l'autosuffisance qu'elle avait toujours valorisée était devenue un obstacle qui l'avait protégée mais aussi loin du vrai bonheur.

Marina laissa tomber sa main et s'éloigna du tableau. L'image semblait maintenant moins imposante, comme si elle avait révélé tous ses secrets. Pour la première fois, Marina a accepté qu'elle n'avait pas toutes les réponses et que, peut-être, elle n'en avait pas besoin pour passer à l'étape suivante.

Le cœur battant encore, Marina a quitté la galerie au crépuscule, consciente qu'elle venait de faire le premier pas vers un nouveau mode de vie, un chemin qui incluait la connexion, le risque et, surtout, la possibilité de construire quelque chose de réel avec Sofia.

La galerie était plongée dans l'obscurité, baignée par la faible lumière qui émanait des lampadaires. Marina avait passé la dernière demi-heure devant le tableau, plongée dans une réflexion profonde et transformatrice. Finalement, elle prit une profonde inspiration, comme s'elle parvenait ainsi à dissiper le lourd fardeau de doutes et de craintes qu'elle avait emporté avec lui. Elle allait faire demi-tour et quitter la galerie, lorsqu'un faible bruit de pas la fit s'arrêter. Quand elle se retourna, elle trouva la silhouette de Sofia entrant dans la pièce.

Ils se regardèrent tous les deux, leurs visages s'illuminèrent de surprise et de nervosité. Ce n'est pas une coïncidence s'ils se sont rencontrés là-bas, comme si le même élan invisible les avait guidés vers l'endroit où tout avait commencé.

Sofia fit quelques pas, et Marina remarqua l'éclair d'empathie et de tendresse dans ses yeux. Pendant un moment, aucun des deux ne dit rien, mais dans ce silence, les deux semblaient communiquer, partageant une compréhension silencieuse et une connexion qui allait au-delà des mots.

"Sofia... Je ne savais pas que tu venais ici », dit Marina, essayant de paraître calme, bien que sa voix tremblait légèrement.

Sofia sourit, se rapprochant un peu.

« Je ne savais pas que je te trouverais ici, mais... Je suppose que cet endroit a une signification particulière pour tous les deux, n'est-ce pas ? Elle répondit en s'arrêtant devant elle.

Ils restèrent silencieux, se regardant dans les yeux. Marina perçut dans le regard de Sofia quelque chose de plus qu'une simple compréhension ; c'était comme si Sofia voyait directement en elle, acceptant ses peurs, ses contradictions et, surtout, son besoin de se protéger.

Finalement, Sofia parla, brisant le silence d'une voix douce mais ferme.

« J'ai beaucoup réfléchi à ce que signifie être indépendant, Marina. Je pense que nous avons confondu indépendance et autosuffisance. Nous pouvons être indépendants et en même temps nous permettre d'avoir besoin de quelqu'un. Elle ne s'agit pas de perdre ce que l'on est, mais de trouver une nouvelle façon d'être... ensemble.

Les mots de Sofia ont résonné chez Marina, brisant peu à peu les barrières qu'elle avait construites. C'était vrai : son indépendance avait été une armure, mais maintenant, face à la possibilité d'aimer et d'être aimée, elle se rendait compte que cette armure l'avait aussi retenue prisonnière.

Marina baissa les yeux, son visage reflétant un mélange de vulnérabilité et de décision. Elle était sur le point de s'ouvrir, de montrer à Sofia le côté le plus fragile d'elle-même, quelque chose qu'elle n'avait pas fait depuis longtemps.

« Je ne sais pas si je peux vous promettre que je serai capable de tout laisser derrière moi », admit-elle, la voix à peine un murmure. Mais je veux essayer... Avec toi.

Quand elle leva les yeux, elle vit que Sofia avait un sourire calme plein de tendresse, un sourire qui semblait lui dire qu'elle n'y avait pas de mal à avoir peur, qu'elle n'y avait pas de mal à ne pas avoir toutes les réponses.

« Nous n'avons pas besoin d'avoir toutes les réponses pour le moment », répondit Sofia en prenant doucement la main de Marina. Nous devons simplement être prêts à suivre le chemin, un pas à la fois.

À ce moment-là, ils savaient tous les deux qu'ils prenaient une décision significative. Peu importe les doutes ou les craintes qui persistaient dans leurs cœurs ; Ils avaient décidé de marcher ensemble, d'affronter leurs peurs et de construire quelque chose d'authentique, même si l'avenir était incertain. Ils n'avaient pas besoin de promesses ou de garanties, juste d'un engagement mutuel à avancer main dans la main, en s'appuyant l'un sur l'autre.

Marina regarda la main de Sofia sur la sienne et ressentit un soulagement qu'elle ne se souvenait pas avoir ressenti auparavant. Pour la première fois, l'idée de partager sa vie n'était pas une menace, mais une opportunité. Sofia n'était pas quelqu'un qui a envahi son indépendance ; C'est quelqu'un qui l'a aidée à l'élargir, à découvrir de nouvelles formes de liberté et de connexion.

Tous deux se tournèrent vers le tableau, le contemplant en silence, comme si l'œuvre représentait désormais son propre voyage, ses propres transformations. Les coups de pinceau qui semblaient auparavant fugaces et fragiles semblaient maintenant faire partie d'un processus de changement et de croissance qui les unissait.

Sofia rompit le silence d'une voix basse et chaude :

« Tu sais ? » Je pense que la beauté de ce tableau réside dans son imperfection, dans la façon dont les couleurs se mélangent sans craindre de déborder. Parfois, je pense que c'est ce qui rend les choses vraies... ne pas avoir peur de perdre le contrôle et de laisser le chaos faire partie de nous aussi.

Marina hocha la tête, ses mots s'enfonçant profondément dans son cœur. D'un geste spontané, elle se rapprocha un peu plus de Sofia, s'appuyant sur son épaule, se permettant de ressentir le réconfort de sa proximité. Dans cet acte simple, dans cette reddition muette, ils ont tous deux senti qu'ils initiaient quelque chose de profond et d'authentique.

214

Alors que la nuit tombait sur la galerie et que les ombres s'allongeaient, ils savaient que ce moment n'était que le début. Ils avaient décidé d'affronter leurs peurs, leur passé et, surtout, la possibilité d'un amour véritable.

LES RETROUVAILLES

La soirée était à son apogée dans la galerie privée, un espace magnifiquement éclairé et décoré pour l'exposition d'art contemporain. Les murs blancs mettaient en valeur les œuvres d'art vibrantes, et un doux murmure emplissait l'atmosphère, comme si tout le monde était enveloppé dans une sorte de rituel silencieux, admirant les pièces sans vouloir briser le charme.

Marina était arrivée seule, comme d'habitude. Elle portait un élégant costume noir, ses cheveux tirés en arrière en un chignon parfait et un air de sérénité soigneusement construit. Alors qu'elle traversait la galerie, essayant de se concentrer sur les sculptures et les peintures, son esprit ne pouvait s'empêcher de vagabonder vers Sofia. Des semaines s'étaient écoulées depuis leur dernière rencontre, et bien que Marina ait essayé de se convaincre que ce moment était le meilleur, quelque chose en elle résistait à cette idée. J'ai ressenti un vide que l'art et la réussite professionnelle ne comblaient plus comme ils le faisaient autrefois.

Soudain, alors qu'elle se tenait devant une sculpture abstraite, elle a senti une présence familière à côté de lui. Elle se retourna légèrement, et elle était là : Sofia, qui semblait également surprise de se retrouver face à face à cet endroit.

« Marina ? » Je ne m'attendais pas à te voir ici », a déclaré Sofia, avec un sourire qui cachait un mélange de surprise et d'émotion contenue.

Marina déglutit, essayant de faire refléter son expression comme le calme qu'elle s'efforçait de maintenir. Avec un léger sourire, elle a répondu :

« Je dis la même chose... Cet endroit semble nous rassembler, n'est-ce pas ?

Ils rirent tous les deux doucement, un son chaleureux au milieu du silence cérémoniel de la galerie. Cependant, la tension entre eux était palpable, un mélange de nervosité et d'attente qu'aucun des deux ne pouvait ignorer. La conversation a commencé prudemment, les deux échangeant des commentaires sur les œuvres et l'atmosphère de l'exposition, en maintenant un ton léger et presque formel.

« Cette pièce est intéressante », a déclaré Marina, en montrant la sculpture abstraite devant elle, une œuvre pleine de lignes imbriquées et de surfaces rugueuses qui semblaient représenter une lutte intérieure. Cela me rappelle la fragilité des connexions, vous ne trouvez pas ?

Sofia hocha la tête, regardant la sculpture avec des yeux réfléchissants.

« Oui... Et aussi à la façon dont nous nous protégeons, en créant des barrières qui semblent fortes, mais qui ne cachent parfois que des vulnérabilités.

Leurs yeux se rencontrèrent, et à ce moment-là, ils sentirent tous les deux que les mots formels commençaient à perdre leur sens. Ce qu'ils voulaient vraiment dire était bien au-delà de commentaires superficiels. L'atmosphère a changé, comme si la galerie avait été transformée en un lieu privé rien que pour eux deux, un endroit où ils pouvaient être sincères sans crainte.

Sofia, après quelques secondes de silence, osa briser la barrière qu'elles avaient toutes les deux maintenue.

« Tu sais ? » Dit-elle en regardant Marina droit dans les yeux, sa voix plus douce mais pleine de sens. Elle y a tellement de choses que j'ai gardées pour moi, et je me demande si ce n'est pas le moment de les sortir.

Marina sentit son cœur s'emballer. La vulnérabilité dans la voix de Sofia l'a profondément émue, et bien qu'elle soit nerveuse, quelque chose en elle lui a dit que cette rencontre n'était pas accidentelle. Peut-être, pensa-t-elle, était-ce l'occasion qu'ils attendaient tous les deux pour parler sans masque, pour se dire ce qu'ils ressentaient vraiment.

« Moi aussi... » J'ai beaucoup pensé à nous, à ce que nous avons partagé », a admis Marina, sentant qu'elle était enfin temps de mettre de côté le contrôle et la prudence.

Sofia sentit la tension dans les épaules de Marina et, dans un élan fou, lui prit doucement le bras.

« Voulez-vous sortir sur la terrasse ? » Peut-être que nous pourrions parler plus doucement là-bas », suggéra-t-elle avec un doux sourire.

Marina hocha la tête, reconnaissante de la suggestion. La terrasse de la galerie était un endroit calme, avec une vue imprenable sur la ville illuminée. L'air frais leur procurait une sorte de soulagement, comme si les mots pouvaient circuler plus facilement à l'extérieur.

Une fois sur la terrasse, ils s'appuyèrent contre la balustrade, regardant silencieusement les lumières scintillantes de la ville. Pendant un moment, aucune d'entre elles n'a rien dit, laissant l'environnement parler pour elles, chacune réfléchissant à la façon d'exprimer ce qu'elle ressentait vraiment.

Finalement, Marina brisa le silence, fixant fixement les lumières au loin.

« Sofia, j'ai passé tellement de temps à construire cette façade de contrôle et de sécurité... Et j'ai l'impression que, dans le processus, je me suis perdue. Je suis resté si loin des autres que j'ai oublié ce que c'est que de faire confiance à quelqu'un.

Sofia se tourna vers elle, l'écoutant attentivement et avec empathie. Ses yeux reflétaient une profonde compréhension, comme s'elle se sentait aussi partie prenante de cette solitude.

« Marina, personne ne nous apprend à nous ouvrir sans peur », a-t-elle dit doucement. J'ai aussi mes propres barrières, mes propres peurs. Mais avec vous, j'ai l'impression d'avoir envie d'essayer quelque chose de différent... même si cela signifie faire face à tout ce que je pensais savoir sur l'amour.

Marina la regarda, émue, et sentit son cœur s'effondrer dans un mélange de soulagement et de peur. Cette rencontre inattendue a été l'occasion d'avouer ses craintes et de dire à Sofia combien cela comptait pour elle, malgré toutes ses peurs.

Ils se regardèrent en silence, leurs visages illuminés par la faible lumière de la ville et des étoiles. Sans dire un mot, ils ont tous deux compris que ce moment était crucial. Malgré leurs différences et les barrières qu'ils avaient tous les deux construites, ils étaient prêts à essayer. Elle n'y a pas eu de promesses grandiloquentes, mais elle y a eu une décision claire d'aller de l'avant.

— Je ne sais pas si je pourrai laisser toutes mes peurs derrière moi, Sofia, murmura Marina, mais je veux l'essayer avec toi. Je veux apprendre à être quelqu'un qui n'a pas peur d'aimer.

Sofia lui sourit, et à cet instant, le lien entre eux devint encore plus fort.

« C'est tout ce que j'ai besoin d'entendre, Marina. Nous ne devrions pas avoir toutes les réponses maintenant, seulement la volonté de marcher ensemble.

Ils sont restés là, sur la terrasse, partageant un moment de complicité sous les étoiles. La ville brillait sous eux, et le murmure de la galerie s'estompait à l'arrière-plan, comme si tout le monde avait disparu, sauf tous les deux.

Cette rencontre inattendue, lors d'un événement auquel Marina n'avait guère voulu assister, était devenue le premier pas vers une nouvelle étape de leur relation. Ils avaient mis de côté les formalités et les masques, et dans cet espace intime et sincère, ils ont décidé qu'ils étaient prêts à affronter l'amour et leurs peurs, un pas à la fois, ensemble.

L'air frais de la nuit caressait leurs visages alors qu'ils se tenaient sur la terrasse de la véranda. La ville brillait au loin, ses lumières scintillantes formant une tapisserie de calme et de beauté qui semblait encadrer ce moment intime entre eux. Le murmure de la galerie s'est laissé derrière, comme si l'agitation mondaine et les masques qu'ils portaient tous deux à l'intérieur se dissolvaient à chaque pas qu'ils faisaient en plein air. La terrasse, avec sa balustrade en fer forgé et sa vue privilégiée sur la ville, leur offrait un espace privé, presque sacré, où le temps semblait s'être arrêté.

Tous deux s'approchèrent de la balustrade et regardèrent vers l'horizon, plongés dans un silence confortable, mais plein d'émotions non exprimées. C'était comme s'ils cherchaient tous les deux le courage de faire le premier pas vers une conversation qu'ils savaient nécessaire mais difficile. Après quelques minutes de calme, Marina, qui n'avait jamais été douée pour parler de ses propres sentiments, sentit qu'elle ne pouvait plus se soustraire au poids de tout ce qu'elle portait à l'intérieur.

Elle prit une profonde inspiration, la voix tremblante alors qu'elle brisait le silence.

"Sofia... J'ai passé tellement de temps à essayer de contrôler tous les aspects de ma vie, à tout garder à distance... même vous. Et vous ne savez pas à quel point cela me fait mal de réaliser ce que je manque.

Sa voix n'était plus qu'un murmure, chargée de douleur et de regret. Elle avait l'impression de déshabiller une partie de lui-même qu'elle avait gardée cachée pendant des années, une partie que seule Sofia avait réussi à lui faire affronter. Ses paroles restèrent suspendues dans l'air, et pendant un instant elle craignit d'en avoir trop dit, mais la réponse de Sofia la soulagea.

Sofia, avec un sourire chaleureux et plein de compréhension, hocha doucement la tête, ses yeux reflétant un mélange d'empathie et de tendresse.

« Nous devons tous nous protéger de quelque chose, Marina. — Je le comprends mieux que vous ne l'imaginez, dit-elle d'un ton calme. Mais... Peut-être que le vrai risque n'est pas la douleur, mais le fait qu'on ne nous a jamais appris à aimer sans peur. Personne ne nous prépare à nous ouvrir et à accepter l'incertitude. Mais avec toi, Marina, je pense que cela vaut la peine d'essayer. Cela vaut la peine d'affronter ces peurs.

Marina a été profondément émue par les paroles de Sofia. Tout au long de sa vie, elle avait entendu beaucoup de promesses et de belles paroles, mais aucune ne l'avait touchée de cette façon. Sans trop réfléchir, elle posa sa main sur celle de Sofia dans un geste simple, mais plein de sens.

Ce n'était pas seulement un contact physique ; C'était une façon de lui dire qu'elle était prête à prendre un risque, à mettre de côté l'armure qu'elle avait construite avec tant de soin.

Ce toucher, bien que subtil, les reliait d'une manière qui allait au-delà des mots. C'était comme s'ils savaient tous les deux qu'à ce moment-là, ils étaient exactement là où ils devaient être. Marina laissa la chaleur de la main de Sofia lui donner une sécurité qu'elle n'avait jamais ressentie auparavant, et pour la première fois, elle sentit qu'elle pouvait s'abandonner à quelque chose sans avoir besoin de le contrôler.

Sofia, sentant la douceur de la main de Marina sur la sienne, la regarda avec une étincelle dans les yeux qui révélait sa propre vulnérabilité.

—Marina, j'ai toujours été la personne indépendante, celle qui n'a besoin de personne... ou du moins c'est ce que je pensais. Mais avec vous, tout est différent. Je ne veux pas être seulement le fort, celui qui a toujours le contrôle. Je veux pouvoir m'appuyer sur quelqu'un, je veux que cette connexion soit réelle, quitte à affronter mes propres peurs.

Marina écouta chaque mot, surprise par la sincérité de Sofia. Elle s'est rendu compte qu'ils partageaient tous les deux la même peur, qu'ils avaient lutté contre le même désir de se protéger. À l'époque, j'ai senti que Sofia ouvrait la porte à une nouvelle façon de voir l'amour, dans laquelle la vulnérabilité n'était pas une faiblesse, mais un pont vers l'authenticité.

« Parfois, je pense que j'ai été trop inquiète de ne pas me perdre », a déclaré Marina, la voix pleine d'émotion. J'ai été tellement concentré sur mon indépendance que je n'ai pas réalisé que je manquais aussi de vivre pleinement. Mais, avec vous, j'ai envie d'essayer quelque chose de différent... Je veux apprendre à partager ma vie sans avoir l'impression de perdre une partie de moi-même.

Sofia, émue par la confession de Marina, lui serra doucement la main et se rapprocha un peu, leurs regards se connectant à un niveau que personne n'avait connu auparavant. Autour de lui, la ville était encore calme, comme si l'univers retenait son souffle, respectant la profondeur de ce moment.

« Alors, faisons-le, Marina. Apprenons ensemble. Ni l'un ni l'autre n'a toutes les réponses, mais peut-être l'amour est-elle précisément cela : une aventure, un saut dans le vide sans garanties. Mais l'important, c'est que nous soyons ici et que nous voulions tous les deux essayer », a déclaré Sofia, la voix à peine un murmure au milieu de la nuit.

Ils restèrent tous deux là, en silence, le murmure lointain de la ville étant le seul bruit qui les entourait. Sans avoir besoin de promesses verbales, ils ont tous deux compris qu'ils prenaient un engagement silencieux, une promesse de se soutenir mutuellement en cours de route. C'était un pacte tacite de marcher ensemble, d'affronter leurs peurs et d'embrasser l'incertitude sans réserve.

Finalement, Marina, d'un geste doux, retira sa main et se retourna pour regarder la vue de la ville. Elle y avait un calme en lui, une paix qu'elle ne se souvenait pas avoir ressentie depuis longtemps. Même si elle savait que la route ne serait pas facile, elle était prête à faire le premier pas, à prendre des risques et à accepter que l'amour puisse être une force transformatrice, même pour quelqu'un qui avait construit sa vie autour de l'indépendance.

Sofia, à côté de lui, regardait également les lumières de la ville, consciente que cette connexion ne ressemblait à aucune autre qu'elle n'avait jamais eue. Avec Marina, elle a senti qu'elle pouvait être elle-même, sans réserves ni masques, et cela lui a donné une force qu'elle n'avait jamais trouvée dans une autre relation.

À ce moment-là, alors qu'ils regardaient tous les deux la ville en silence, ils ont senti qu'ils avaient atteint un tournant. C'était une décision qui allait au-delà des mots et des promesses. C'était un acte de foi, une décision de marcher ensemble, d'affronter l'inconnu et de s'ouvrir à l'amour sans peur.

Le cœur battant à l'unisson et la certitude qu'elles étaient prêtes à essayer, Sofia et Marina ont scellé leur promesse avec un dernier regard, sachant que c'était le début de quelque chose d'authentique et de puissant, un amour construit sur la base de la vulnérabilité, de la confiance et du courage d'être elles-mêmes.

Dans le coin le plus éloigné de la terrasse, à l'abri des lumières et de l'agitation de la galerie, Marina et Sofia étaient assises sur un banc en bois. Le ciel étoilé s'étendait au-dessus d'eux, et la douce brise leur donnait une intimité qu'ils appréciaient tous les deux tranquillement. Là, dans la pénombre de la nuit, le monde semblait s'arrêter ; C'était comme si la ville elle-même comprenait l'importance de ce moment et leur avait donné un moment de paix et de vulnérabilité partagée.

Ils restèrent tous deux silencieux pendant quelques secondes, regardant les étoiles au loin, tandis que le doux murmure de la galerie s'estompait derrière eux. Marina, les mains jointes, prit une profonde inspiration. Elle savait que le moment était venu de parler honnêtement, et bien qu'elle lui ait été difficile de s'ouvrir, elle a senti que Sofia lui donnait la sécurité et la compréhension nécessaires.

Après un moment d'hésitation, elle baissa les yeux et commença à parler, sa voix douce mais chargée d'émotion.

« Je ne suis pas une personne facile, et je le sais », a-t-elle commencé, sentant les mots peser sur sa poitrine. J'ai passé des années à construire cette carapace, croyant qu'elle m'empêcherait d'être blessé. Chaque décision, chaque mur... J'ai tout construit pour me protéger. Mais maintenant, je me rends compte que, dans le processus, je me suis éloignée de ce que je veux vraiment : de la connexion, de l'amour... de vous.

Sa voix s'est légèrement brisée en disant cela, et bien qu'elle ait essayé de garder son sang-froid, l'émotion dans ses mots était évidente. Sofia observait chacun de ses gestes, chaque pause et chaque soupir, émue par l'honnêteté de Marina et par l'effort qu'il lui a fallu pour laisser tomber ces barrières.

Sans quitter les yeux, Sofia posa doucement sa main sur celle de Marina, transmettant une chaleur et un soutien qui semblaient faire fondre les dernières défenses restantes à l'intérieur.

— Je ne suis pas parfaite non plus, Marina, dit Sofia d'un ton plein de tendresse. Je pense que nous avons tous les deux nos propres peurs, nos propres démons. Et, même si je sais que nous avons du mal à accepter cette vulnérabilité, cela ne signifie pas que nous devons y faire face seuls.

Marina leva les yeux, regardant le visage de Sofia éclairé par la faible lumière de la nuit. Ces mots, si simples et si honnêtes, résonnaient en lui, allégeant le poids des années d'autosuffisance et de solitude qu'elle avait accumulées.

« Peut-être », a poursuivi Sofia en serrant légèrement la main de Marina, « l'engagement n'est pas de renoncer à notre indépendance, mais d'apprendre à partager nos vies sans perdre qui nous sommes. » Apprendre à se soutenir les uns les autres, à marcher ensemble, sans avoir à renoncer à notre essence.

Marina sentit une boule dans sa gorge. Les paroles de Sofia défiaient tout ce qu'elle avait toujours cru, mais en même temps, elles éveillaient en elle un espoir qu'elle n'avait pas ressenti depuis des années. Pour la première fois, elle a compris que son indépendance et son amour n'avaient pas à être en conflit ; Ils pourraient coexister en harmonie, chacun apportant quelque chose de différent et de nécessaire à sa vie.

Elle prit une respiration et, d'une voix un peu plus ferme, répondit :

J'ai toujours pensé que l'amour était une menace pour ma stabilité, pour l'équilibre que j'ai construit dans ma vie. Mais maintenant, avec vous... Je sens que l'amour peut être différent, qu'elle ne doit pas être un abandon, mais un espace où nous pouvons tous les deux être libres et nous accompagner en même temps.

Sofia sourit, ses yeux brillaient d'une chaleur qui reflétait la compréhension et l'affection qu'elle ressentait pour Marina.

« C'est exactement ce que je veux avec toi, Marina. Je ne m'attends pas à ce que tu changes, ou que tu cesses d'être la personne que tu es. Je veux juste que nous trouvions un endroit où nous pouvons être nous-mêmes, ensemble.

Tous deux se turent, la main de Sofia toujours posée sur celle de Marina. La nuit semblait plus calme, plus lumineuse, comme si les étoiles elles-mêmes étaient les témoins de cette promesse silencieuse qu'ils venaient de faire. Marina a senti que quelque chose de profond et de guérisseur venait de se produire. Elle avait partagé sa peur, ses doutes, et au lieu de trouver le rejet ou l'incompréhension, elle avait trouvé l'acceptation.

« Merci, Sofia... » de m'avoir comprise de cette façon, murmura Marina avec un sourire timide.

Sofia se pencha un peu plus près, la voix chaude et douce.

« Merci de me faire confiance et de faire confiance à ce que nous pouvons construire ensemble. » Ce ne sera pas facile, mais je pense que l'amour authentique n'est pas toujours facile. L'important, c'est que nous soyons prêts à essayer, à nous soutenir mutuellement et à grandir côte à côte.

Après quelques minutes, pendant lesquelles elles ont toutes deux continué en silence, contemplant la ligne d'horizon de la ville et le ciel étoilé, Sofia s'est levée et a tendu la main à Marina.

« Voulez-vous marcher un peu ? » Demanda-t-elle, d'un ton léger, comme si l'invitation était une promesse qu'ils seraient toujours prêts à aller plus loin, ensemble.

Marina lui prit la main et, alors qu'ils marchaient tous les deux sur la terrasse, elle sentit que le chemin devant eux était incertain, mais plein de possibilités. Ils avaient décidé d'affronter leurs peurs, leurs doutes et, surtout, leur propre besoin de contrôle, de permettre à l'amour de s'épanouir de manière authentique.

En marchant, les mains jointes sous le ciel étoilé, ils savaient tous deux qu'ils venaient de faire un premier pas vers une relation qui, loin d'affaiblir leur propre identité, les rendrait plus forts, plus authentiques et plus libres.

La brise du soir et les étoiles avaient créé une atmosphère intime sur la terrasse, mais tous deux sentaient qu'elle était temps de retourner à l'intérieur de la galerie. Ils entrèrent en silence, leurs pas résonnant doucement sur le sol, comme un écho de la décision qu'ils venaient de prendre. L'espace, avec ses lumières tamisées et ses œuvres d'art élégamment exposées, leur a réservé un accueil chaleureux. L'éclairage projetait des ombres qui semblaient danser sur les murs, soulignant la fragilité et la beauté de chaque pièce, mais aussi des moments qu'ils avaient partagés ce soir-là.

Sans avoir besoin de parler, ils se tournèrent tous les deux vers une peinture qui les avait captivés lors de leur première rencontre, un paysage calme avec un lac serein et un ciel aux tons doux. L'œuvre avait quelque chose d'éthéré, comme si elle invitait ceux qui la contemplaient à se perdre dans un monde de paix et de réflexion. Marina et Sofia s'arrêtèrent devant elle, leurs épaules se touchant à peine, sentant la présence de l'autre sans avoir besoin de contact.

Marina, après quelques secondes de silence, prit une profonde inspiration et, d'une voix douce mais déterminée, rompit le silence.

« Je ne peux pas vous promettre que ce sera facile », dit-elle, le regard fixé sur le tableau, bien que chaque mot soit adressé à Sophie. Mais je veux essayer. Je veux apprendre à aimer sans ces barrières... Avec toi.

Ses paroles étaient un murmure chargé de vérité, un aveu que Marina n'avait pas pu admettre jusqu'à ce moment-là. Elle était fatiguée de vivre derrière les murs de sa propre peur, et là, devant cette œuvre de calme et de beauté, elle sentait pour la première fois qu'elle pouvait ouvrir une porte vers quelque chose de plus.

Sofia se tourna vers elle, et un mélange de tendresse, de gratitude et d'émotion profonde brilla dans ses yeux. Le sourire qui se dessina sur son visage était chaleureux, comme si elle comprenait tout ce que cela signifiait pour Marina de dire ces mots.

— C'est le meilleur compromis que je puisse demander, Marina, répondit-elle doucement, d'un ton plein d'affection. Nous n'avons pas besoin de garanties, juste de la volonté d'être ici, de nous donner l'opportunité d'explorer cela... ensemble.

Le silence les a de nouveau enveloppés, mais cette fois-ci, c'était un silence différent, plein de compréhension et d'une connexion qui allait au-delà des mots. Ils savaient tous les deux que ce moment n'était pas une promesse vide ou un fantasme passager. Ils avaient décidé de s'ouvrir à l'amour et d'affronter leurs peurs, avec toute la complexité que cela impliquait.

Marina détourna finalement le regard du tableau et regarda Sofia, ressentant une tranquillité inconnue. Elle n'y avait pas d'urgence, elle n'y avait pas d'attentes irréalistes ; seulement la certitude que les deux étaient prêts à essayer de construire quelque chose de réel.

« C'est étrange », a déclaré Marina avec un sourire timide. J'ai passé toute ma vie à planifier chaque étape, à éviter tous les risques, et maintenant je suis là, à choisir le chemin le plus incertain de tous.

Sofia lui sourit en retour, lui prenant doucement la main et entrelaçant ses doigts dans un geste intime et naturel.

« Parfois, les routes incertaines sont celles qui nous mènent vers les plus belles destinations », murmure-t-elle, les yeux remplis d'une chaleur qui donne à Marina l'impression que le temps s'est arrêté. Et peut-être que cette fois, Marina, vous n'êtes pas si seule. Nous pouvons le parcourir ensemble, sans nous précipiter, sans tout contrôler, en vivant simplement chaque instant.

Le toucher de Sofia était doux, mais elle transmettait une force qui donnait à Marina le courage de s'ouvrir à ce qui pourrait arriver. Pour la première fois, elle a compris qu'aimer ne signifiait pas se perdre, mais se retrouver en présence de quelqu'un qui la comprenait et respectait chaque partie d'elle-même.

Ils ont regardé le tableau ensemble une dernière fois, comme si le lac serein et le ciel calme représentaient le calme et la paix qu'ils recherchaient maintenant dans leur relation. Ils étaient parvenus à un accord tacite : elle n'y aurait pas de promesses inébranlables ou de plans intransigeants, juste la sincérité de marcher ensemble, sans masques ni réserves.

Marina soupira, se sentant libérée d'un poids qu'elle avait porté avec elle pendant des années.

« Parfois, j'ai l'impression d'être comme ce lac », a-t-elle déclaré en montrant le tableau. Calme en surface, mais avec une profondeur que peu de gens voient... et elle craignait que personne n'ose s'y plonger.

Sofia, lui tenant toujours la main, lui répondit avec une douceur qui lui donna de la sécurité.

« Alors laissez-moi plonger dans cette profondeur, Marina. Je ne veux pas être laissé seul à la surface. Je veux découvrir chaque partie de vous, même celles que vous n'avez pas encore montrées.

Marina sentit ses barrières s'effondrer un peu plus et hocha la tête avec un sourire.

— Je ne sais pas comment faire, mais avec vous... Je veux apprendre.

Ils se tenaient tous les deux là, les mains jointes, sachant qu'ils venaient de faire le premier pas vers un engagement royal.

La nuit s'était installée sur la ville, l'enveloppant d'une douce lueur qui semblait amplifier la tranquillité et la beauté de chaque coin. Les lampadaires illuminaient les rues d'une lumière tamisée et chaude, se reflétant dans les flaques d'eau qui restaient après la légère bruine des heures précédentes. Marina et Sofia, après avoir quitté la galerie, ont marché en silence, laissant leurs pas et la nuit calme être les seuls témoins de ce moment.

Chaque pas semblait réaffirmer l'engagement qu'ils venaient de prendre. Elle n'y avait pas besoin de paroles hâtives ou de promesses grandiloquentes ; Elle n'y avait que l'acte simple et puissant de marcher ensemble. La ville semblait respirer à leurs côtés, leur donnant de l'espace et du temps pour digérer ce qui venait de se passer.

Sofia, avec un sourire calme et chaleureux, s'approcha un peu plus et prit la main de Marina. C'était un geste spontané, mais significatif, comme si, en entrelaçant leurs doigts, elle réaffirmait la certitude de vouloir être là, à ses côtés. Marina sentit la chaleur de la main de Sofia et, sans hésitation, elle la serra doucement, appréciant la proximité et le plaisir simple de la compagnie.

« Tu sais ? » Sofia rompit le silence, sa voix à peine un murmure dans le calme de la nuit. Parfois, je pense que la vraie richesse n'est pas dans ce que nous avons ou accomplissons. C'est dans les moments, dans les gens qui nous apprennent à être plus que ce que nous pensons pouvoir être.

Marina tourna la tête vers elle, ses yeux reflétant la compréhension des paroles de Sofia. Pendant des années, elle a travaillé et s'est battue pour se construire une vie de succès et d'indépendance, convaincue que c'était là que résidait l'épanouissement. Mais à ce moment-là, en marchant aux côtés de Sofia et en sentant sa main s'entrelacer avec la sienne, elle a compris que la vraie richesse résidait dans la connexion humaine, dans la possibilité de partager le poids de ses rêves et de ses peurs avec quelqu'un qui l'acceptait telle qu'elle était.

« Et je pense que tu es cette personne pour moi », a répondu Marina, la voix pleine de sincérité et de gratitude. Je ne sais pas comment tu as fait, mais me voici, prêt à essayer, à laisser cette relation être aussi ma maison.

Sofia lui sourit, et dans ce sourire elle y avait un mélange de satisfaction et de tendresse, comme si les paroles de Marina étaient la confirmation de quelque chose qu'elle avait toujours pressenti. Les paroles de Marina ont été le point d'ancrage qui lui a permis de croire en la possibilité de construire une vie partagée, une vie où les deux pourraient être indépendantes et vulnérables en même temps.

Tandis qu'ils continuaient leur promenade, le bruit lointain de la ville était le seul compagnon de leur contemplation mutuelle. De temps en temps, ils échangeaient des regards et des sourires, sans avoir besoin de remplir le silence. La complicité entre elles était si naturelle que, pour la première fois, Marina n'a pas ressenti le besoin de contrôler le moment ou de s'inquiéter de ce qui allait se passer ensuite. Elle était pleinement présent, appréciant la simplicité de marcher à ses côtés.

« Tu sais, Marina, » dit soudain Sofia, avec un sourire enjoué, « Je n'aurais jamais pensé que je ressemblerais à ça, marchant main dans la main avec quelqu'un et me sentant tellement... complet. J'ai toujours pensé que ma liberté était mon bien le plus précieux, mais avec toi, je n'ai pas l'impression de la perdre. Au contraire, j'ai l'impression de le partager.

Marina la regarda avec un mélange d'admiration et d'affection, sentant qu'à ses côtés, elle pouvait être complètement elle-même sans craindre de perdre son identité.

« C'est ce que je ressens aussi, Sofia. Avec vous, j'ai l'impression de pouvoir être libre et en même temps d'être chez moi. Je ne savais pas que c'était possible... Jusqu'à maintenant.

Les lampadaires projetaient de longues ombres sur le sol, et tous deux les regardaient, se reflétant en silence. Malgré les différences dans leurs personnalités, dans leurs rythmes et dans leurs façons de voir la vie, tous deux étaient arrivés à une conclusion similaire : ils n'avaient pas besoin de renoncer à leur propre vie pour en partager une. Au lieu de cela, ils pourraient entrelacer leurs chemins et respecter leur propre identité.

Marina, après un moment de réflexion, soupira et s'arrêta devant une fenêtre illuminée, observant la figure de l'une et de l'autre se reflétant dans la glace.

« Ça me fait peur », dit-elle doucement, brisant le silence et ne quittant pas des yeux son reflet. Ça me fait peur de m'ouvrir de cette façon, de me permettre de ressentir. Mais cela me donne aussi une sorte de paix que je n'ai jamais ressentie auparavant... Comme si, pour la première fois, je vivais au lieu d'exister.

Sofia, sentant la profondeur de ses mots, tendit la main et glissa son bras autour des épaules de Marina, dans une douce étreinte qui exprimait la sécurité et l'affection.

« Alors, vivons, Marina. » Ensemble. Vivons sans trop nous soucier de l'avenir, sans penser à ce que nous pourrions perdre. Parfois, la seule façon d'obtenir quelque chose de valeur est de risquer de le perdre.

Ils ont continué à marcher et, à chaque pas, ils ont senti l'engagement entre eux se renforcer. Elle ne s'agissait pas d'un engagement fondé sur des promesses formelles ou des paroles grandiloquentes, mais sur la simple décision d'être honnête, d'être courageux et d'être prêt à affronter tout ce qui allait suivre, ensemble.

« La nuit, la ville... et toi », murmura Marina en levant les yeux vers le ciel étoilé. Je ne sais pas ce que je peux demander de plus. Je ne sais pas ce que nous deviendrons, Sofia, mais je suis prête à le découvrir.

Sofia, excitée, s'approcha et lui donna un doux baiser sur la joue.

« Alors, commençons ici, pour l'instant. Nous n'avons besoin de rien d'autre.

C'est ainsi qu'en marchant silencieusement dans les rues illuminées, Marina et Sofia savaient qu'elles avaient choisi leur chemin. Ils ne savaient pas combien de temps cela durerait, ni quels obstacles ils rencontreraient, mais tous deux étaient prêts à le traverser, parce qu'ensemble ils avaient découvert que l'amour, au-delà d'être une reddition, était une aventure partagée.

Cette nuit-là, avec la ville et le ciel comme témoins, ils ont tous deux fait la promesse silencieuse d'être honnêtes et courageux, de construire une relation dans laquelle ils pourraient tous les deux être eux-mêmes sans peur, et dans laquelle la vraie richesse ne serait pas dans les choses qu'ils possédaient, mais dans l'amour et la connexion qu'ils étaient prêts à construire.

La rue était calme, à peine éclairée par un lampadaire solitaire qui jetait une douce lueur sur l'entrée de l'immeuble de Marina. Le silence qui les enveloppait semblait fait sur mesure, un espace intime et séparé du reste du monde, dans lequel seuls les deux existaient. Lorsqu'ils atteignirent la porte, ils s'arrêtèrent tous les deux, sans se presser, sans avoir l'intention de se dire au revoir. La nuit avait été si révélatrice qu'aucun d'eux n'était prêt à fermer ce moment et à s'éloigner.

Marina, qui était réservée auparavant, a senti que quelque chose avait changé en elle. Cette nuit-là, elle lui avait appris à affronter ses peurs, à faire tomber les barrières qu'elle s'était construites elle-même. Et en regardant Sofia, elle ressentit une tendresse profonde et sincère qu'elle ne pouvait pas cacher. Sans rien dire, elle étendit les bras et la serra dans ses bras, avec une chaleur et une reddition qui la surprirent elle-même.

Sofia se laissa envelopper dans cette étreinte, sentant les battements de cœur de Marina si près du sien. Les yeux fermés, elle s'autorisa à profiter de ce moment, gravant dans sa mémoire la chaleur de ses bras et la tranquillité que sa proximité lui transmettait. Je savais que l'étreinte signifiait bien plus que ce que les mots pouvaient exprimer.

« Merci de ne pas m'avoir abandonnée », murmura Marina, sa voix à peine un murmure à côté de l'oreille de

Sofia, son souffle chaud la faisant frissonner. Merci de m'avoir appris à voir au-delà de mes peurs, de m'avoir montré que s'ouvrir n'est pas synonyme de faiblesse.

Sofia sourit contre sa joue, ses bras l'enroulant autour d'elle fermement et doucement.

« Je serai toujours là, Marina. Je ne sais pas où cela nous mènera, mais je sais que je veux le parcourir à vos côtés. Je promets.

Ils se turent tous les deux, sachant que ces paroles étaient plus qu'un simple réconfort ; C'était un pacte. Ils n'avaient pas besoin de promesses grandioses, juste de la sincérité d'être là, l'un pour l'autre, et de l'engagement d'essayer de s'aimer sans réserve. Pour tous les deux, cette étreinte était une déclaration d'intention, un pacte de soutien mutuel et de courage.

Finalement, Marina s'écarta un peu, regardant dans ses yeux, la luminosité du lampadaire se reflétant dans leurs yeux. Elle y avait quelque chose dans l'intensité de ce moment, dans le croisement de leurs regards, qui faisait disparaître tout le reste. Sans rien dire d'autre, elle se pencha et, dans un geste doux et plein de sens, laissa ses lèvres toucher celles de Sofia dans un baiser qui contenait toute la tendresse, l'espoir et la promesse de ce qu'elles étaient prêtes à construire ensemble.

C'était un baiser lent et tranquille, où chaque seconde semblait contenir une éternité. Elle ne s'agissait pas d'un baiser impulsif, mais d'un baiser chargé de la sincérité de deux personnes qui, malgré leurs doutes, avaient décidé de se donner à quelque chose de plus grand qu'elles-mêmes. Les lèvres de Marina étaient chaudes et délicates, et Sofia lui rendait la pareille avec une douceur qui transmettait tout ce qu'elle ressentait. À ce moment-là, tous deux ont compris que le chemin serait incertain, mais qu'ils étaient prêts à le parcourir.

Lorsque le baiser prit fin, ils se regardèrent, respirant silencieusement, tous deux souriant doucement. Elle n'y avait plus rien à dire. L'adieu de ce soir-là n'était pas une séparation ; Tous deux savaient que ce ne serait pas la fin, mais un point de départ, le premier pas vers une relation qui promettait d'être authentique et profonde.

« À bientôt », dit Sofia, sans la quitter.

« À bientôt », répondit Marina, sa voix teintée d'une chaleur qu'elle ne s'était pas permise de montrer auparavant.

Sofia s'éloigna lentement, et Marina la regarda marcher sous la lumière des lampadaires, ressentant un mélange de paix et d'excitation qu'elle n'avait jamais connu. Elle savait qu'elle entrait dans un territoire inexploré, un territoire dans lequel l'indépendance et l'amour pouvaient coexister, dans lequel elle pouvait partager sa vie sans craindre de se perdre.

Dans la quiétude de cette nuit-là, alors que l'écho de leurs pas s'éloignait, ils étaient tous deux certains que c'était le début de quelque chose de réel, quelque chose qui valait la peine d'être exploré et protégé.

JE VEUX ETRE L'AIR QUE TU RESPIRES

La douce lumière d'un dimanche matin baignait l'appartement de Marina, créant une atmosphère chaleureuse et sereine. Les grandes fenêtres, ouvertes au soleil, laissaient entrer la lumière qui se déversait dans la salle à manger, illuminant chaque coin et remplissant l'espace d'un calme indescriptible. Marina, habituée à commencer ses journées avec une routine structurée, s'est retrouvée à profiter d'une véritable paix à côté de Sofia, qui était dans la cuisine en train de fredonner un air tout en coupant des fruits pour le petit-déjeuner.

Habillée de manière décontractée et détendue, Sofia se déplaçait naturellement, comme si elle y avait toujours appartenu. Marina, assise à la table, l'observait en silence, savourant chaque petit geste. Elle n'avait jamais imaginé que ces moments quotidiens pouvaient être si significatifs, que sa vie ordonnée et planifiée pouvait trouver un nouveau but dans la simplicité de partager le petit-déjeuner en compagnie.

Sofia finit de préparer le café et se dirigea vers la table, plaçant une tasse devant Marina, qui sourit, se sentant étrangement complète.

« Je n'aurais jamais pensé que j'apprécierais autant un simple petit-déjeuner », murmura Marina, ses lèvres se recourbant en un doux sourire alors qu'elle regardait Sofia.

Sofia sourit en retour et s'assit en face d'elle, prenant une gorgée de sa propre tasse de café.

— Les moments simples sont les plus importants, répondit-elle en la regardant tendrement. Nous n'avons pas toujours besoin de luxe ou de grands gestes... Parfois, le luxe, c'est la tranquillité d'esprit de savoir que l'on est là où l'on veut être.

Au fur et à mesure que le petit-déjeuner avançait, la conversation s'est déroulée naturellement, passant de sujets triviaux à des réflexions plus profondes sur les changements qu'ils avaient vécus depuis qu'ils étaient ensemble. Marina, qui vivait concentrée sur ses objectifs et ses réalisations, a commencé à voir la valeur dans les petits détails, dans les moments quotidiens qui, avec Sofia, lui semblaient être le véritable luxe de sa vie.

« Avec toi, je découvre que la vraie richesse, c'est dans ces moments partagés », avoue Marina, d'un ton serein mais plein d'émotion. Tout le reste semble moins important quand nous avons cela.

Sofia sourit, regardant Marina avec un mélange de compréhension et d'affection.

250

« C'est drôle, n'est-ce pas ? » Dit-elle en remuant son café avec une cuillère à café. Nous passons tellement de temps à chercher cette idée de succès, croyant que nous ne pouvons être satisfaits que lorsque nous réalisons certaines réalisations, mais à la fin... La vraie richesse est dans les personnes qui nous apprennent à être plus authentiques, à valoriser les petits détails.

Marina hocha la tête, comprenant la profondeur de ces mots. J'avais l'habitude de penser que le succès résidait dans le contrôle et dans l'accumulation des réalisations ; cependant, avec Sofia, elle avait appris à valoriser la simplicité, à trouver la paix dans les moments quotidiens et à comprendre que la véritable stabilité pouvait être construite sur les bases d'un amour sincère et partagé.

Après le petit-déjeuner, ils décident d'aller se promener dans le parc voisin. La journée était ensoleillée et agréable, et marcher ensemble, sans aucune hâte, leur a procuré un sentiment de connexion encore plus grand. Ils sont passés devant des arbres en fleurs, ont écouté le chant des oiseaux et ont partagé des rires et des anecdotes sur leurs semaines, tous se sentant profondément unis.

« J'ai toujours imaginé que la vie de couple serait plus compliquée, que chaque détail devrait être négocié », commente Marina en regardant un groupe d'enfants jouer sur l'herbe. Mais avec vous... Tout semble si naturel.

Sofia lui serra doucement la main, un sourire complice illuminant son visage.

Elle ne s'agit pas de négocier, mais de trouver l'harmonie. Et avec vous, je le retrouve à chaque pas.

Plus tard dans la soirée, ils ont préparé le dîner ensemble. Marina, qui était normalement méticuleuse et ordonnée dans la cuisine, s'est laissée emporter par le style improvisé de Sofia, qui chantait en hachant les légumes et riait quand quelque chose se passait différemment que prévu.

« Cuisinez-vous toujours avec autant de joie ? » Demanda Marina en riant en l'aidant à mélanger les ingrédients.

« Cuisiner, c'est comme la vie : elle faut aimer le processus », a répondu Sofia en l'embrassant sur la joue. Et s'elle y a quelqu'un qui connaît les processus, c'est vous.

Après le dîner, ils se sont tous les deux assis sur le canapé avec un verre de vin et leurs livres préférés, profitant d'une soirée tranquille de lecture partagée. Le silence entre eux n'était pas gênant ; Au contraire, c'était le genre de silence qui n'existe que lorsque la compagnie de l'autre personne est suffisante.

Parfois, ils levaient les yeux de leurs livres pour se regarder, souriant en réalisant à quel point tout semblait naturel et confortable. C'était comme si leur maison n'était pas dans un endroit spécifique, mais dans chaque moment qu'ils partageaient ensemble.

Cette nuit-là, alors qu'elles se préparaient à dormir, Marina se tourna vers Sofia et la regarda avec une expression de gratitude et d'amour.

« Je n'aurais jamais imaginé que c'était un vrai luxe... cette paix, cette harmonie, murmura-t-elle en lui prenant la main.

Sofia la regarda tendrement, lui serrant la main.

« C'est le vrai succès, Marina. Pas celle que nous réalisons au travail ou celle que nous montrons au monde, mais celle que nous construisons ici, dans nos vies, dans notre intimité.

Marina hocha la tête, comprenant que ces moments simples, ces petites routines et ces silences partagés étaient ce qui donnait un nouveau sens à sa vie. Elle avait trouvé sa maison dans l'amour et la simplicité de sa relation avec Sofia, et, au fond de lui, elle savait que c'était le vrai luxe qu'elle avait toujours recherché sans s'en rendre compte.

Tous deux restèrent silencieux, s'étreignant l'un contre l'autre sous les douces lumières de la pièce, ressentant la certitude que dans ces moments quotidiens et dans cette harmonie partagée, ils avaient trouvé le vrai sens de l'amour et de la stabilité.

La cafétéria était silencieuse, avec le doux murmure des autres conversations remplissant l'atmosphère d'un calme sophistiqué. Les grandes fenêtres permettaient une vue panoramique sur la ville, qui, sous la lumière dorée de l'après-midi, semblait moins frénétique, presque en pause, comme si elle prenait aussi une pause. Marina avait l'habitude de venir ici seule, profitant du refuge fourni par l'atmosphère élégante et l'intimité d'un coin près de la fenêtre. Mais aujourd'hui, avec Sofia à ses côtés, l'endroit lui semblait différent, rempli d'une chaleur qu'elle n'avait jamais perçue.

Assis face à face, ils tenaient tous les deux leurs tasses de café, discutant de sujets quotidiens et riant de petites anecdotes de leurs semaines. C'était un discours léger, sans hâte, mais avec le genre de connexion qui n'existe que lorsque l'entreprise est authentique et profonde. Au bout de quelques minutes, un silence confortable s'empara d'eux, et ce fut Sofia qui, avec un sourire doux et curieux, rompit le silence.

—Pensez-vous que le succès que nous recherchions tant est vraiment ce qui nous donne le bonheur ?

Marina, surprise, resta silencieuse, réfléchissante. C'était une question qu'elle s'était rarement permis de poser. Pour elle, le succès professionnel a toujours été son nord, la raison pour laquelle elle avait construit sa vie de manière méticuleuse et structurée, sacrifiant même des parties d'elle-même qui, maintenant, étant avec Sofia, commençait à se rétablir.

« Je pensais que le succès, c'était d'avoir une vie sous contrôle », a-t-elle finalement dit, d'une voix douce et réfléchie. Pour moi, cela signifiait atteindre un statut, atteindre des objectifs et avoir une stabilité qui me donnait de la sécurité. Mais maintenant, avec vous... Je commence à croire que le succès est autre chose. C'est la stabilité émotionnelle, la capacité de partager, de ressentir, de me permettre d'être vulnérable.

Sofia la regarda attentivement, hochant lentement la tête. Ses yeux reflétaient un mélange de compréhension et d'affection qui rendait Marina encore plus ouverte, comme si dans cet espace sûr, elles pouvaient partager leurs pensées les plus profondes sans craindre d'être jugées.

« Pour moi, le succès a toujours été la liberté d'être qui je suis, sans aucune condition », a déclaré Sofia, en regardant par la fenêtre avant de se retourner vers Marina. Je n'ai jamais voulu me sentir dépendant de qui que ce soit ou de quoi que ce soit, et je pensais que le succès était cette indépendance absolue, la liberté de pouvoir tout décider. Mais avec vous, je me rends compte que le succès, c'est aussi d'avoir quelqu'un qui me comprend, quelqu'un avec qui je peux construire quelque chose qui va au-delà du matériel ou du personnel. C'est comme si notre connexion donnait un nouveau sens à cette liberté.

Ils se turent tous les deux, laissant les mots se calmer. Ils ont senti que, d'une certaine manière, ce qu'ils vivaient ensemble leur donnait une perspective différente sur leur propre vie, sur les idéaux de réussite qu'ils avaient poursuivis jusque-là. Marina prit une gorgée de son café, pensive, tandis que ses yeux se perdaient dans la vue de la ville.

« C'est drôle », a-t-elle commencé, avec un sourire mélancolique. Pendant des années, j'ai poursuivi une idée de la réussite qui me semble aujourd'hui vide. J'ai réalisé que je ne veux pas d'une vie pleine d'accomplissements solitaires. Je veux que ces réalisations signifient quelque chose de partagé, quelque chose qui me fait me sentir épanouie dans tous les aspects. Non seulement en tant que professionnel, mais aussi en tant que personne.

Sofia lui prit la main, entrelaçant ses doigts avec les siens, un geste qui en disait plus long que n'importe quel mot. Marina sentit la chaleur de sa main, le réconfort d'une connexion qui n'exigeait rien d'autre que de la présence et de la sincérité.

« Tu n'es pas seule dans ce cas, Marina. Et je suis heureux que nous découvrions ensemble que le vrai succès n'est pas dans ce que nous accomplissons séparément, mais dans ce que nous pouvons construire, dans ce genre de connexion qui nous permet d'être authentiques sans perdre qui nous sommes.

La conversation s'est tournée vers la façon dont leurs chemins avaient changé depuis leur rencontre. Marina, qui avait toujours vécu dans la certitude de ses réalisations, commençait à accepter l'idée que le succès ne consistait pas seulement à atteindre le sommet, mais à le faire d'une manière qui la satisfaisait dans tous les aspects, même ceux qu'elle considérait auparavant comme fragiles ou inaccessibles. Avec Sofia, elle découvrait une nouvelle façon de réussir, une façon de trouver un équilibre entre son indépendance et sa capacité à partager sa vie.

Sofia, qui a toujours été une femme aventureuse et spontanée, s'est rendu compte que le succès pouvait aussi être une construction commune, une sorte de richesse émotionnelle qui n'avait rien à voir avec l'accomplissement matériel. Elle avait trouvé, dans sa relation avec Marina, un complément qui lui permettait de voir sa propre vie dans une perspective plus stable et plus significative.

« Je sens que c'est le vrai succès », a finalement déclaré Marina en serrant la main de Sofia. Pas des titres, pas des réalisations, mais la capacité de pouvoir partager et construire quelque chose d'authentique, quelque chose qui ne repose pas uniquement sur ce que nous possédons ou accomplissons.

Sofia la regarda avec un sourire chaleureux, ses yeux brillant de la même émotion que Marina ressentait.

—Alors, que le succès soit celui-ci : vivre en harmonie, se soutenir mutuellement et se sentir libre et accompagné en même temps.

Ils se regardèrent tous les deux, un sourire partagé illuminant leurs visages. Elle n'y a pas eu de promesses inutiles ou de déclarations d'amour grandiloquentes, juste la certitude qu'ils étaient parvenus à une conclusion commune : leur plus grand succès a été cette relation, cette complicité et l'engagement à continuer à construire une vie ensemble, dans laquelle l'amour et le soutien mutuel seraient les piliers de tout.

Lorsqu'ils ont fini de prendre leur café et quitté la cafétéria, ils se sont tenus la main en marchant dans la ville. Les lumières du soir commençaient à s'estomper, mais pour eux, l'avenir semblait plus brillant que jamais. Chaque pas qu'ils ont fait était une réaffirmation de leur décision de vivre un amour authentique et sans réserve, de construire une relation dans laquelle ils pourraient tous les deux être la meilleure version d'eux-mêmes.

Cet après-midi-là, dans cette petite cafétéria, ils ont compris qu'ils avaient trouvé dans leur relation quelque chose que ni la réussite professionnelle ni l'indépendance absolue ne leur avaient donné : la paix de savoir qu'ils étaient au bon endroit, avec la bonne personne. Et, avec cette découverte, ils ont marché ensemble, prêts à tout affronter, parce que, enfin, ils avaient trouvé le vrai sens du succès dans l'amour partagé.

La soirée de gala de charité était à son apogée. Le musée d'art moderne brillait d'une élégance sobre et sophistiquée, ses grandes fenêtres révélant des éclats de lumières dorées et des silhouettes d'invités vêtus de robes de soirée. En entrant dans le hall, Marina et Sofia ont immédiatement attrapé des regards admiratifs. Marina portait une robe noire avec une coupe classique, simple mais qui mettait en valeur son élégance naturelle, tandis que Sofia, avec son style le plus créatif et le plus risqué, portait une robe émeraude qui la faisait se démarquer sans effort.

Ils se promenèrent ensemble dans la pièce, longeant les murs ornés d'œuvres contemporaines qui donnaient le ton de la soirée. Ils ressentaient une sécurité mutuelle en présence l'un de l'autre, une confiance qui allait au-delà de l'image publique et qu'ils ne pouvaient partager que lorsqu'ils étaient ensemble.

La nuit s'est poursuivie et tous deux se sont plongés dans des conversations et des présentations formelles avec des invités de marque, des critiques d'art aux figures de l'architecture. Marina a observé comment Sofia s'est développée naturellement, son charisme attirant l'attention des invités, qui ont écouté avec intérêt ses idées sur le design et l'art dans l'architecture. Sofia a su intégrer des concepts modernes avec une touche personnelle et artistique qui fascinait tout le monde, et Marina ne pouvait s'empêcher de sourire fièrement lorsqu'elle voyait l'admiration sur les visages de ceux qui l'entouraient.

« Ce que vous proposez est audacieux et beau », dit l'un des invités à Sofia, visiblement impressionné.

Sofia, reconnaissante, a répondu avec un sourire.

—L'art et l'architecture sont des langages, et j'aime à penser que chaque projet raconte une histoire unique. Je suis inspiré par l'idée d'imaginer comment les gens vont interagir avec les espaces que nous concevons.

De loin, Marina l'a écoutée, se sentant inspirée par la passion et l'authenticité de Sofia. Lorsque son regard rencontra celui de Sofia, elles échangèrent toutes deux un sourire entendu, un sourire qui contenait la profonde admiration et le respect qu'elles ressentaient l'une pour l'autre.

À son tour, Sofia a observé Marina alors qu'elle conversait avec des critiques d'art et d'autres directeurs de galerie, qui la respectaient profondément pour son professionnalisme et son dévouement. Marina était sereine, claire et authentique dans chacune de ses paroles, transmettant une connaissance de l'art qui fascinait ceux qui l'écoutaient. Elle ne parlait pas seulement des techniques et des styles, mais aussi de l'âme derrière chaque œuvre, et Sofia ressentait une admiration croissante pour la femme à ses côtés.

L'un des invités s'approcha de Marina et lui dit respectueusement :

—Elle est évident que vous avez un sens très particulier de la connexion avec l'art. Qu'est-ce qui vous inspire à préserver des pièces que d'autres auraient crues perdues ?

Marina, avec son ton calme caractéristique, répondit :

—Chaque œuvre a une histoire à raconter, et j'ai le sentiment qu'en tant que restaurateur, mon travail est de protéger cette histoire. Cela m'inspire à penser qu'en lui redonnant sa splendeur, je lui donne aussi une seconde vie et je permets à d'autres personnes d'en profiter.

Sofia, écoutant sa réponse de loin, éprouvait une profonde admiration pour la sensibilité de Marina. Je n'ai pas pu m'empêcher d'être fière et émue de voir la passion et l'engagement que Marina a mis dans son travail.

Dans un moment de repos, les deux hommes se retrouvèrent à côté de l'une des sculptures les plus imposantes de la pièce, une figure abstraite qui projetait des ombres mystérieuses sous la lumière tamisée du musée. Le gala était toujours en cours, et les murmures des conversations formaient une sorte de musique d'ambiance qui leur donnait une intimité inattendue au milieu de la foule.

Sophie, la regardant tendrement, s'approcha et murmura :

"Vous êtes génial.

Marina, rougissant légèrement, sourit en retour.

« Je pense la même chose de vous.

Lui tenant la main brièvement mais significativement, les deux hommes se turent, partageant un moment de connexion au milieu de la sophistication de la nuit.

Au fur et à mesure que le gala avançait, les deux ont réalisé quelque chose d'important. Tout le faste, les conversations très médiatisées, la sophistication de l'événement... Rien de tout cela n'avait vraiment d'importance que d'être ensemble, de se soutenir mutuellement et de partager cette connexion unique. Ils comprenaient qu'ils n'étaient pas là pour impressionner les autres ; Ils étaient là pour célébrer ce qu'ils avaient construit ensemble, le respect et l'amour qu'ils ressentaient et nourrissaient chaque jour.

Sofia, observant la foule et le luxe de l'événement, soupira et commenta :

264

« Parfois, les choses les plus précieuses sont celles que nous partageons en silence. Nous n'avons pas besoin que tout le monde nous voie ; Si vous me voyez, cela me suffit.

Marina lui rendit un regard plein de complicité et d'affection, comprenant la profondeur de ses paroles. Ils avaient atteint un point où la plus grande réussite n'était pas ce qu'ils pouvaient montrer au monde, mais ce qu'ils se montraient l'un à l'autre à chaque moment partagé.

« Notre lien est la seule chose que je veux garder, Sofia. Tout le reste n'est qu'un arrière-plan, une circonstance.

À la fin du gala, ils sont sortis du musée en se tenant la main, marchant en silence sous les lumières de la ville. Le luxe et la sophistication de la nuit semblaient lointains par rapport à la paix qu'ils éprouvaient ensemble. Cet événement, qui pour d'autres pouvait être un symbole de statut et de succès, n'était pour eux qu'une excuse pour se célébrer l'un l'autre, pour se rappeler que leur relation était le véritable luxe qu'ils avaient trouvé.

Lorsqu'ils s'arrêtèrent à l'entrée de l'immeuble où vivait Marina, ils se regardèrent tous les deux, conscients que le luxe qu'ils partageaient allait bien au-delà des apparences.

« Tu sais ? » « Je pense que c'est le vrai luxe », a déclaré Marina, souriant en joignant ses mains à celles de Sofia. Le luxe de savoir que j'ai quelqu'un avec qui partager la vie et tous ses moments, des plus grands aux plus simples.

Sofia la regarda avec un sourire éclatant et répondit à voix basse :

"Alors, trinquons à cela. Pour un amour qui n'a pas besoin de l'éclat des lumières, car trop c'est trop avec la luminosité que vous et moi portons à l'intérieur.

C'est ainsi qu'au milieu de la nuit silencieuse, ils ont partagé une dernière étreinte avant de se dire au revoir, sachant qu'à la fin, le vrai luxe était de s'être rencontrés et d'être prêts à construire une vie ensemble, une vie pleine d'amour, de respect et de complicité, le plus grand trésor qu'ils auraient pu imaginer tous les deux.

La nuit était fraîche et la ville, éclairée par l'éclat des réverbères et les lumières des bâtiments, semblait calme, presque comme si elle dormait. Après l'élégance et la sophistication du gala, la promenade du soir était un répit, une façon de revenir à l'essentiel, de partager du temps sans distractions ni formalités. Marina et Sofia marchaient en silence, leurs pas résonnant doucement sur l'asphalte, enveloppées dans un silence confortable, plein de complicité et de compréhension.

La ville, qui leur était si familière à tous les deux, leur offrait un nouveau cadre dans la pénombre de la nuit, un environnement qui semblait refléter l'intimité de leur conversation et le calme qu'ils ressentaient tous les deux à ce moment-là. Les mots étaient peu nombreux, mais elle n'y avait pas d'urgence, et le silence entre eux était aussi confortable que n'importe quelle conversation profonde.

Après quelques minutes, Sofia brisa le silence avec un sourire nostalgique.

« Tu te souviens de la première fois que nous avons marché ensemble comme ça ? »

Marina la regarda, les yeux brillants d'un mélange de souvenirs et d'émotion.

« Je me souviens », répondit-elle d'une voix douce, presque un murmure dans le calme de la nuit. Et j'ai l'impression que chaque pas que nous avons fait depuis a été vers quelque chose que je n'aurais jamais imaginé vouloir.

Ils continuèrent tous les deux à marcher, chacun absorbé dans ses pensées, réfléchissant à ce qu'ils avaient partagé jusqu'à présent. Finalement, Marina a osé exprimer à haute voix ce qu'elle ressentait depuis longtemps.

« Je n'aurais jamais pensé que je m'engagerais dans quelque chose d'autant... vulnérable. J'ai toujours vécu avec l'idée que l'indépendance et le contrôle étaient tout ce dont j'avais besoin. Mais avec toi, Sofia, j'ai appris que s'engager ne signifie pas se perdre, mais découvrir une partie de moi que je n'aurais jamais imaginée.

Sofia l'écoutait en silence, avec un sourire qui exprimait la compréhension et l'affection. Elle prit la main de Marina, entrelaçant ses doigts tout en continuant à marcher, comme un geste qui confirma ce qu'ils ressentaient tous les deux.

« Cela a été un défi pour moi aussi », a admis Sofia, en regardant le sol et en choisissant soigneusement ses mots. J'ai toujours été une femme libre, à la recherche d'expériences et d'aventures, et l'idée de m'engager avec quelqu'un me faisait peur. Mais avec vous, je n'ai pas l'impression de renoncer à cette liberté ; J'ai l'impression de l'élargir, de le partager avec vous d'une manière que je n'ai jamais faite avec personne d'autre.

Marina hocha la tête, sentant la chaleur de la main de Sofia et la sécurité que cette connexion lui donnait. Chaque pas qu'ils faisaient les rapprochait d'une compréhension commune de ce que signifiait aimer sans réserve, faire face aux peurs qu'ils avaient tous les deux portés et permettre à leurs vies de s'entremêler dans une harmonie qu'aucun d'eux n'avait recherchée, mais dont ils savaient tous les deux qu'ils avaient besoin.

Alors qu'ils poursuivaient leur promenade, ils ont tous les deux commencé à parler des peurs qu'ils avaient rencontrées sur le chemin de cette relation.

« Je me souviens de la première fois que je vous ai vu, à la galerie. J'ai ressenti une connexion immédiate, mais en même temps... J'avais peur à l'idée de m'ouvrir à quelqu'un comme toi, quelqu'un qui pouvait voir au-delà de mes barrières », a avoué Marina.

Sofia la regarda tendrement, comprenant la difficulté que ces mots avaient dû lui causer.

« Et j'ai ressenti la même chose », a-t-elle répondu. Je savais dès le début que tu étais quelqu'un qui me mettrait au défi, qui me ferait remettre en question beaucoup de choses. Mais je pense que c'est ce qui rend cela si spécial.

Chaque pas que nous avons fait a été vers quelque chose de plus profond, quelque chose qui nous rend meilleurs, et je pense que c'est ce que signifie vraiment l'engagement.

Marina sourit, réalisant que la bravoure dont Sofia avait fait preuve depuis le début avait été la motivation dont elle avait besoin pour affronter ses propres peurs et s'ouvrir à l'amour d'une manière qu'elle ne s'était jamais permise de faire.

Pendant qu'ils marchaient, leurs pas se synchronisaient sans qu'aucun d'eux ne s'en aperçoive. C'était comme si le rythme de leurs pas reflétait le chemin qu'ils avaient décidé d'emprunter ensemble. La nuit les a enveloppés, leur offrant un refuge dans lequel ils pouvaient exprimer ce qu'ils ressentaient sans crainte, et au cours de cette promenade, ils ont tous deux compris que l'engagement qu'ils avaient pris n'était pas une promesse imposée, mais un choix libre et mutuel.

Finalement, ils s'arrêtèrent dans un coin, la ville se déroulant devant eux avec ses lumières qui brillaient dans l'obscurité. Sofia regarda Marina avec un sourire plein de promesses.

« Nous n'avons pas besoin de réponses maintenant. L'important, c'est que nous continuions à marcher, pas à pas, peu importe où ce chemin nous mène. Vous ne trouvez pas ?

Marina hocha la tête, émue par la simplicité et la vérité des paroles de Sofia.

—Oui, l'important, c'est que nous soyons dans le même bateau, que nous construisions quelque chose que je n'aurais jamais imaginé vouloir... mais maintenant je sais que c'est ce dont j'ai le plus besoin.

Tous deux gardèrent le silence, chacun conscient de l'engagement tacite qu'ils venaient de prendre. Elle n'y avait pas besoin de grandes promesses ; Elle suffisait de savoir qu'ils étaient prêts à affronter l'avenir ensemble.

À ce moment-là, sous les lumières de la ville, ils ont tous deux réalisé que la vraie valeur de l'engagement n'était pas dans les mots ou les promesses, mais dans l'acte quotidien d'aller de l'avant, de marcher côte à côte, d'affronter le présent et l'avenir avec le courage et l'amour qu'ils avaient trouvés en compagnie l'un de l'autre.

L'après-midi était calme lorsque Marina et Sofia arrivèrent à la galerie. La lumière du soir filtrait à travers les grandes fenêtres, baignant l'espace dans des tons chauds et enveloppants. L'air était empli d'un calme respectueux, comme si le temps ne s'était arrêté que pour eux dans ce lieu qui gardait les échos de leur histoire. Alors qu'ils marchaient lentement dans l'espace, ils ressentaient tous les deux une connexion silencieuse avec l'endroit, un espace qui avait été le point de départ de quelque chose qu'ils ne savaient même pas qu'ils cherchaient.

À mesure qu'ils avançaient, ils s'approchaient du tableau qui avait marqué le début de leur connexion. C'était une peinture d'un paysage serein, rempli d'ombres douces et de lumières tamisées qui semblaient refléter la complexité et la profondeur de ses propres émotions. Les traits subtils et les tons chauds évoquaient un équilibre entre l'immobilité et le changement, quelque chose qu'ils avaient tous deux expérimenté depuis cette première rencontre. Debout devant l'œuvre, ils ont tous deux partagé un moment de silence, ressentant l'ampleur de ce que ce tableau représentait dans leur vie.

Sofia, observant les détails du tableau, entrelaça sa main avec celle de Marina et, à voix basse, commenta :

« Cette photo... C'est comme s'elle nous avait toujours attendus, vous ne trouvez pas ?

Marina hocha la tête, sans quitter le tableau des yeux. Les détails, les nuances, l'atmosphère presque magique qui émanait de l'œuvre, tout semblait avoir un sens différent, plus profond que la première fois qu'elle l'avait vu. C'était comme si, à chaque expérience vécue avec Sofia, je découvrais quelque chose de nouveau dans ces traits et ces couleurs.

« Oui. Et chaque fois que je le regarde, je vois quelque chose de différent, quelque chose qui me fait réfléchir sur tout ce que nous avons vécu et ce que nous construisons », a répondu Marina, la voix douce mais pleine d'émotion.

Tous deux restèrent silencieux, laissant le tableau refléter leurs émotions. À ce moment-là, ils ont compris que leur relation était comme cette œuvre : imparfaite, pleine de contrastes, mais aussi d'une authenticité et d'une beauté uniques. Tout comme dans l'art, ils avaient appris que l'important n'était pas la perfection, mais le processus, l'effort de créer quelque chose de significatif ensemble, quelque chose qui leur permettrait de grandir et de découvrir de nouvelles facettes d'eux-mêmes.

Sofia, ressentant l'intensité de ce moment, se tourna vers Marina, les yeux brillants d'un mélange d'amour et de gratitude.

« Tu sais ? » « Je pense que c'est l'œuvre d'art la plus importante que nous ayons créée ensemble », a-t-elle dit, la voix légèrement tremblante.

Marina la regarda, émue. Tout au long de sa vie, elle a considéré son travail comme la chose la plus importante, comme le reflet de sa valeur et de son identité. Mais avec Sofia, j'avais découvert quelque chose de différent : que l'amour, la vulnérabilité et la croissance partagée étaient, en fait, les œuvres les plus authentiques et les plus durables.

« Et c'est une œuvre que je veux continuer à construire avec toi », a répondu Marina en serrant la main de Sofia.

Sans avoir besoin de mots, ils ont tous deux senti qu'ils étaient parvenus à une compréhension mutuelle. Leur relation, comme le tableau, était pleine de nuances, de lumières et d'ombres qui leur donnaient de la profondeur. C'était une histoire d'amour authentique, de vulnérabilité et de croissance, qui avait évolué depuis ce premier moment dans la galerie jusqu'à ce moment d'engagement silencieux.

Marina serra Sofia dans ses bras, et elles se tinrent toutes les deux ainsi, debout devant le tableau, comme si l'étreinte était un pacte, une promesse tacite d'avancer ensemble. Dans cette étreinte, ils ont partagé la reconnaissance que ce qu'ils avaient était le véritable art de leur vie, une œuvre imparfaite mais unique, construite sur la base d'un amour sincère et sans réserve.

En se séparant, ils se sont tous les deux regardés et ont souri, sachant que l'avenir les attendait avec des défis et de nouveaux moments, mais aussi avec la certitude que, quoi qu'elle arrive, ils seraient ensemble pour y faire face.

Finalement, Marina prit une fois de plus la main de Sofia et, jetant un dernier coup d'œil au tableau, elle murmura :

« Je pense que c'est la richesse que j'ai recherchée toute ma vie. Et maintenant, je sais que je ne veux le partager avec personne d'autre que vous.

Sofia lui rendit un sourire plein de promesses et de rêves partagés.

« Alors, construisons cette histoire chaque jour, à notre rythme.

Et sur ces mots, ils ont tous deux quitté la galerie, laissant derrière eux le tableau qui symbolisait le début de leur relation, mais emportant avec eux quelque chose de beaucoup plus précieux : la certitude d'un amour partagé, une relation qui, comme l'art, évoluerait et grandirait, les enrichissant tous les deux à chaque étape de leur chemin ensemble.

ÉPILOGUE : UN NOUVEAU DEPART

La maison de campagne de Marina, entourée de collines ondulantes et d'arbres centenaires aux branches feuillues, dégageait une paix particulière ce matin-là. Les premiers rayons du soleil filtraient à travers les fenêtres du porche, projetant des ombres douces et chaudes sur le plancher en bois. Le vent, avec un léger murmure, semblait caresser les feuilles des arbres, créant une mélodie calme qui accompagnait le silence partagé entre les deux femmes.

Marina et Sofia étaient assises sur le porche, enveloppées dans des couvertures et avec des tasses de thé chaud à la main. La chaleur du thé contrastait avec le froid matinal, et ils ressentaient tous les deux la chaleur non seulement dans leur corps, mais aussi dans le confort de savoir qu'ils étaient exactement là où ils voulaient être. Pour tous les deux, cet endroit était un refuge, un espace loin du monde extérieur et plein de but, un endroit qui symbolisait ce qui comptait vraiment dans leur vie.

Ils se regardèrent en silence, en souriant, et au bout d'un moment, ce fut Sofia qui brisa le silence. La douce lumière de l'aube lui donnait une étincelle particulière dans les yeux, et son expression reflétait un mélange de paix et de profonde réflexion.

« Tu sais ? » Dit-elle, sa voix douce résonnant dans l'air frais du matin. Pendant longtemps, j'ai pensé que le succès était quelque chose que je devais constamment atteindre, un objectif qui n'était jamais vraiment à ma portée, toujours avec une longueur d'avance.

Marina hocha la tête, soutenant le regard de Sofia et sentant le poids de chaque mot. C'était une pensée qu'elle partageait depuis de nombreuses années. Elle leva sa tasse et prit une gorgée de thé, laissant le silence envelopper ses pensées pendant un moment avant de répondre.

— Oui, je comprends ce que vous dites, murmura-t-elle. C'est ce que je pensais aussi. Elle pensait que le succès signifiait obtenir de la reconnaissance, des réalisations, une amélioration constante. Mais, en réalité, elle n'a jamais été satisfaite. J'en voulais toujours plus, et je n'ai jamais su pourquoi.

Sofia posa sa tasse sur la table en bois et prit la main de Marina, entrelaçant ses doigts avec les siens dans un geste de soutien silencieux.

« Et nous y voilà », a déclaré Sofia avec un doux sourire. Se sentir plus en paix que jamais, sans avoir besoin de courir après quoi que ce soit. Avec vous, j'ai l'impression d'être enfin chez moi, d'être arrivée à l'endroit que j'ai toujours cherché.

Marina regarda leurs mains se joindre et sentit une chaleur dans sa poitrine, une profonde gratitude qui l'emplit d'une manière qu'elle n'avait jamais connue auparavant. Elle leva les yeux vers Sofia, les yeux brillants et l'expression qui laissait entrevoir sa propre vulnérabilité.

« Sofia, au début, j'ai pensé que m'ouvrir à toi me ferait perdre quelque chose de moi-même », a-t-elle avoué, la voix brisée par l'émotion refoulée. J'ai toujours craint que l'amour ne me rende faible, qu'elle me détourne de mes objectifs, de ce que j'avais toujours cru important.

Sofia sourit et serra doucement la main de Marina, lui donnant la confiance nécessaire pour continuer.

« Mais maintenant, je sais que l'amour ne m'a pas affaiblie ou rendue moins que moi... Au contraire, cela m'a rendue plus forte », a poursuivi Marina, avec un sourire à la fois de soulagement et de certitude. Être avec vous m'a donné un but qui va au-delà de toute réalisation professionnelle. Cela m'a appris que le vrai succès, c'est cette paix, ce sentiment de savoir que j'ai construit quelque chose de réel avec vous, quelque chose qui n'a besoin de l'approbation de personne d'autre.

Les paroles de Marina résonnèrent dans l'air, et Sofia, émue, ressentit une chaleur indescriptible. Elle l'avait vue se transformer, elle avait été témoin de chaque étape de ce voyage émotionnel qui les avait menés à cet endroit.

Doucement, elle caressa la joue de Marina, la regardant dans les yeux.

« Pour moi, le vrai luxe a toujours été la liberté, de pouvoir décider par moi-même, sans dépendre de personne », a déclaré Sofia, la voix à peine un murmure. Mais avec vous, j'ai appris que le vrai luxe, c'est d'avoir quelqu'un qui me comprend, quelqu'un avec qui je peux être moi-même, sans réserve, sans peur. J'ai découvert qu'aimer et être aimé n'est pas une perte de liberté... c'est peut-être la plus grande liberté que j'aie jamais connue.

Ils se turent tous les deux, laissant le sens de leurs mots remplir l'espace entre eux. Le vent soufflait doucement et le soleil, maintenant plus haut, enveloppait tout ce qui l'entourait d'une chaude lumière dorée. Marina regarda le paysage qui s'étendait devant eux, sentant que leur vie, pour la première fois, était en parfaite harmonie.

« Quand je pense à tout ce que nous avons traversé », a déclaré Marina, sa voix à peine un murmure, « j'ai l'impression que cette relation est la véritable œuvre d'art de ma vie. Comme si chaque doute, chaque peur, chaque pas que nous avons fait ensemble était un trait sur une toile qui est maintenant complète.

Sofia hocha la tête, les yeux pleins d'amour et d'admiration alors qu'elle serrait plus fort la main de Marina.

« Alors, faisons-lui une promesse », dit-elle en la regardant intensément dans les yeux. Promettons-nous que nous continuerons à créer ce tableau ensemble. Puisse chaque moment partagé être un coup de pinceau de plus dans notre histoire. Nous n'avons pas besoin de plus que ce que nous avons déjà ici, et c'est plus que ce que j'aurais jamais imaginé.

Marina la regarda avec un sourire plein de sérénité et répondit d'une voix ferme.

« Promis. Ensemble, nous construirons une vie qui sera le véritable reflet de tout ce que nous sommes et de tout ce que nous pouvons être. Une vie pleine d'amour, de soutien et de tout ce qui transcende le matériel.

Ils restèrent silencieux, regardant le lever du soleil se répandre sur le paysage, illuminant chaque recoin de la maison. Assis sur le porche, ils ont senti que ce n'était que le début de quelque chose de beaucoup plus profond et plus durable. Tout au long de leur vie, ils avaient tous deux cru que le succès et le bonheur se trouvaient dans des objectifs personnels, dans des réalisations qui semblaient difficiles à atteindre, mais à ce moment-là, ils ont compris que le vrai succès était dans l'amour partagé, dans la paix qu'ils avaient construite ensemble.

Après quelques minutes de silence, Marina se tourna vers Sofia avec un sourire calme et confiant.

« Merci de ne pas m'avoir abandonnée, Sofia », a-t-elle dit, la voix chargée de gratitude. Merci de m'avoir enseigné que le vrai succès ne réside pas dans ce que nous accomplissons, mais dans ce que nous partageons. Vous m'avez donné l'occasion de voir le monde sous un autre angle... une perspective que je n'avais jamais imaginée.

Sofia sourit en retour, des larmes d'émotion brillant dans ses yeux.

"Merci à toi, Marina. Pour m'avoir ouvert les portes de ta vie et m'avoir permis d'en faire partie. Nous avons créé quelque chose de beau, quelque chose qu'aucun de nous n'attendait, mais dont je sais maintenant qu'elle s'agit de la chose la plus précieuse que nous ayons.

Ils se sont tous les deux serrés dans leurs bras, laissant la chaleur du moment les envelopper. La paix qu'ils ressentaient était le résultat d'un chemin commun, un chemin dans lequel chacun avait appris à surmonter ses propres peurs et à trouver dans la connexion humaine le vrai luxe, le vrai succès. Ils savaient que l'avenir leur apporterait de nouveaux défis, mais ils étaient maintenant prêts à les affronter ensemble, avec l'amour et la compréhension qu'ils avaient construits l'un pour l'autre.

Finalement, Marina regarda Sofia et, avec un sourire qui reflétait toute la gratitude et l'amour qu'elle ressentait, elle dit :

« Ma vie a un nouveau but, et ce but, c'est toi, Sofia. Je veux vivre chaque jour en sachant que nous avons trouvé quelque chose qui dépasse tout succès matériel. Nous avons construit une vie pleine d'amour, et c'est la seule chose qui compte vraiment.

Sophie hocha la tête, ne pouvant retenir les larmes qui coulaient sur ses joues, et répondit à voix basse :

« Et je ne peux pas imaginer une meilleure fin... » ou, plutôt, un meilleur départ.

Ils se tenaient sur le porche, s'étreignant l'un l'autre alors que le soleil continuait de se lever. La ville, ses réalisations et tout ce qui leur semblait important était devenu l'arrière-plan d'un tableau où l'essentiel, l'amour et l'engagement qu'ils avaient assumés étaient ce qui brillait vraiment. Ils savaient que ce moment n'était que le début d'une histoire qu'ils continueraient à écrire ensemble, une histoire où le vrai luxe était l'amour qu'ils avaient l'un pour l'autre.

Avec l'aube nouvelle, ils savaient tous les deux qu'ils étaient prêts à relever tous les défis que la vie pouvait leur lancer. Parce qu'à la fin, ils avaient trouvé le vrai succès et la vraie liberté dans la simplicité de s'aimer et dans la sincérité de leur relation.

Et ainsi, enveloppés dans la chaleur de leur amour, ils se laissent envelopper par le nouveau départ, prêts à construire l'avenir, ensemble.